本研究获得以下项目经费的资助：

2012 年国家社科基金青年项目（12CYY003）

安徽省高等教育振兴计划重点学科建设项目（05201339）

安徽大学博士科研启动项目（02303319）

安徽大学第二批青年骨干教师培养对象项目（02303301）

汉语完成体的认知功能研究

李思旭 ◎ 著

HANYU WANCHENGTI DE RENZHI GONGNENG YANJIU

中国社会科学出版社

图书在版编目（CIP）数据

汉语完成体的认知功能研究／李思旭著.—北京：中国社会科学出版社，
2015.4

ISBN 978 - 7 - 5161 - 5940 - 8

Ⅰ.①汉…　Ⅱ.①李…　Ⅲ.①汉语 – 研究　Ⅳ.①H1

中国版本图书馆 CIP 数据核字（2015）第 075064 号

出 版 人	赵剑英	
责任编辑	任　明	
特约编辑	李晓丽	
责任校对	季　静	
责任印制	何　艳	

出　　版	中国社会科学出版社	
社　　址	北京鼓楼西大街甲 158 号	
邮　　编	100720	
网　　址	http://www.csspw.cn	
发 行 部	010 - 84083685	
门 市 部	010 - 84029450	
经　　销	新华书店及其他书店	

印刷装订	北京市兴怀印刷厂	
版　　次	2015 年 4 月第 1 版	
印　　次	2015 年 4 月第 1 次印刷	

开　　本	710×1000　1/16	
印　　张	15	
插　　页	2	
字　　数	242 千字	
定　　价	48.00 元	

凡购买中国社会科学出版社图书，如有质量问题请与本社联系调换
电话：010 - 84083683

目　录

绪　　论

第一节　选题目的和意义

作为汉语六大句法成分之一的补语，是一个非常复杂的系统。现代汉语的补语粗略地可以分为以下五类：1）结果补语（看见、长大）；2）趋向补语（进来、出去）；3）可能补语（看得见、看不见）；4）状态补语（洗得干净、看得清楚）；5）程度补语（暖和多了、可笑透了）（朱德熙，1982）。补语不仅小类多，而且类与类之间的区分也有难度。

补语教学也是对外汉语教学中的一个难点。汉语老师感到难教，留学生感到难学。这是为什么呢？外语里，如"英语、日语、俄语、法语、德语"等语言里严格地说没有这种类型的句法结构，这固然是一个重要的因素；不过更重要的原因在于这种结构本身有它的复杂性，正是这种复杂性造成了教学上的困惑（陆俭明，1990）。因此，深化对补语的认识，无论是在理论方面还是在应用方面，都具有重大的意义。

本书试图运用多种理论，如认知语言学理论、语法化理论、词汇化理论、韵律句法学理论、语言类型学理论等，全方位地考察动结式"V单+完"的属性，以及完成体的语法化历程及其在汉语体貌系统中的地位。一方面，希望能提高我们对补语的认识；另一方面，希望能够深入了解动结式"V单+完"所在句子的主语、宾语的特殊性，以及补语"完"与主语、谓语、宾语之间错综复杂的语义关系。正如沈家煊（2004）所说的："影响动结式句法和语义表现的因素包括动词词项的特征、补语词项的特征、主语词项的特征、宾语词项的特征，等等，以及它们之间的互相选择、互相联系、互相限制。"对补语"完"的划分和分析：一方面可以对"完"的内部作更深入的了解；另一方面，在一个生活中经常用到、极其普通的动结式"V 单 + 完"中，可以发现许多具有典型意义的问题。如：

1）补语"完"的语义指向到底是单指的还是多指的；

2）补语"完"与句子的主语、宾语、谓语动词之间的关系到底是怎样的，"完"的语义指向不同，会不会导致其虚化方向也不同，这些复杂的表面现象背后又隐藏着哪些深层次的规律和规则；

3）由于句法环境的不同，同一个补语"完"有没有必要像"了"和"过"那样，再进行内部的划分，也就是说"完"的内部虚化有没有程度的差别；

4）已经高度虚化的"完"，其将来虚化的归宿又是什么，是与"V 单"词汇化，还是像"了"一样，虚化成一个新的完成体标记；

5）据我们的调查，"完"是从什么时候开始做补语的，又是什么原因导致了"完"归并了其他的补语动词，完成体构式又是如何产生的，这些历史句法学的重要课题目前研究得还很不够；

6）现代汉语中与"完"相似，意义已经虚化的补语动词还有"到、掉、住、成、了（liǎo）、着（zháo）、好"等，"完"与它们共同虚化的机制和动因又是什么，等等。这些都是值得深入研究的课题；

7）完成体在阶段体、情状体、视点体这三层级体貌系统中处于怎样的地位，完成体跟结果体、完整体的差异又有哪些，等等。

第二节　研究现状及存在问题

一　补语"完"的相关研究

以往对补语和动结式的研究已获得了相当多的成果，但是关于补语"完"的研究还相当薄弱，我们翻阅了大量的有关补语和动结式的书籍和论文，涉及"完"的非常少，只有詹人凤（1986）、石毓智（2003）、关玲（2003）、董秀芳（2004）、岳利民（2005）。由于补语"完"的虚化程度很高，所以我们又把调查的视角转向了有关体标记"了""过"的论文和书籍，也只有刘月华（1988）、刘勋宁（1988）、王还（1990）在文章中稍微涉及"完"。纵观以上关于"V 完"的研究，可以归纳为以下几个方面：

1. "V 完"的语法意义与特点研究

2003 年关玲在《中国语文》上发表了《普通话"V 完"式初探》。这篇文章分为两个部分。第一部分讨论了"V 完"式的语法意义与特点。"V 完"式是单纯表示完成体的，它本身并不表示时间，因而可以用在过去时的句子里，又可以用在表示未来时和恒常时的句子里。

第二部分讨论了"V 完"与"V 了"的区别。从广义上理解，"V 了"和"V 完"都表示完成，但两者所表示的语法意义是很不相同的。"V 完"表示行为持续过程的结束及周遍、完备、无遗漏等；而"V 了"表实现、形成、达到（某种不特别指出的状态、局面、结果、目的）。

2. "V 完"与"V 了"的区别研究

刘勋宁（1988）用很大篇幅说明，现代汉语词尾"了"表示动作的完成是不准确的，他认为词尾"了"的语法作用是附在动词、形容词以及其他谓词之后，表明该词义所指处于事实的状态下，词尾"了"的语法意义是实现体，并不是完成体。为了证明词尾"了"是表示动作的完成不准确，作者举例从五个方面对"V 完"和"V 了"进行对比。

关玲（2003）在刘勋宁的基础上，也对"V 完"和"V 了"的区别作了详细的比较，见上面。

3. "完"的语义指向研究

詹人凤（1986）认为，有时同一个动词或形容词可以在有两个表述的 V－R 式中充当 R，也可以在一个表述的 V－R 式中充当 R。如"我吃完饭了"，这句话是有歧义的：

（1）a. 我吃完饭了，（请再添一点。）
　　　b. 我吃完饭了，（出去散散步。）

詹人凤认为这种歧义与 R 的表述有关，a 句是两个表述：a1 我吃饭；a2 饭完了。这时有因果关系，"饭完"是"我吃"的结果。b 句只有一个表述：我吃完饭。"吃饭"这件事（这种行为）"完"了。"饭"是否"完"不一定，也与本句传达的信息无关，这时"吃"与"完"之间没有因果关系，"完"说明"吃"的进行情况。

刘月华（1988）在讨论"过1"与补语"完"的区别时，认为"过1"只着眼于动作的完结。"完"不仅着眼于动作的完结，还可以表示动作所涉及的事物的穷尽，如"他把钱花完了"。在"他刚吃完饭"与"他把米饭都吃完了"两个句子中，第一句的"完"表示动作"吃"完结，第二句中的"完"表示"米饭"没有剩余，光了。

刘勋宁（1988）也认为北京话的"V完"是一个歧义格式。"完"既可以指动作本身的完成，也可以指动作对象的完成。比如：

（2）a.（有话）吃完再说——指动作

　　　b.（饭）吃完再添——指对象

（3）a.（板凳）使完了还给我——指动作

　　　b.（钱）使完了就找我要——指对象

钟兆华（1995）指出，作为完成时态动词用于动词之后，"完"表示两个不尽相同的意思。

其一，表示该行为动作终了，如：

（4）吴道官写完疏纸，于是点起香烛，众人依次排列。（《金瓶梅》）

（5）每日早晨，在白衣大士前礼拜百来拜，密诉心事。任是大寒大暑，再不间断。拜完，只在自己静室中清坐。（《拍案惊奇》）

例（4）的"写"有宾语，"完"所表示的也还是行为本身，而不是行为的对象。

其二，表示行为涉及的对象终了，如：

（6）眨眼和尚把汤喝完，赵头一掏钱，整整剩了二十壶酒钱，一个不多，一个不少。（《济公全传》）

（7）人瑞道："铁爷不吃烟，你叫他烧给我吃吧。"就把烟签子递给翠环。翠环鞠拱着腰烧了一口，上在斗上，递过去。人瑞"呼呼"价吃完。（《老残游记》）

从语法功能上说，"完"都是表示结果的补语，只是表示行为终了和行为的对象完结两者之间的差别。

岳利民（2005）在分析多义动结式时，也谈到了补语"完"的语义指向问题。如：

(8) 胡新民也很快回了电话，他说那家伙刚刚在饭馆吃完饭，正在结账。（海岩《永不瞑目》）

(9) 有时，我们喝完咖啡很兴奋，坐在灯下彻夜长谈。我也问晶晶："我什么地方，嗯，吸引了你，让你这么喜欢？"（王朔《浮出海面》）

(10) "我没有意见，这是你的家，我没资格有意见。"她有点狼狈，不知该说什么，剩下的饭也没有心情吃完。（海岩《永不瞑目》）

(11) 他们又干了一杯，喝完了一瓶红酒，石邑开了一瓶白酒。（王朔《永失我爱》）

他认为，当"完"语义指向述语中心时，如（8）和（9），"完"表示动作过程的结束。当"完"指向受事成分时，如（10）和（11），"完"表示某物消耗尽了，没有剩余。

4."完"对 V 的语义选择研究

王还（1990）认为，"完"虽说是一个很常用的补语，但并不是所有的汉语动词都能以"完"为补语的。任何动作性动词都有"完成"的问题，但似乎只有能持续一个过程的动词才有"完"不"完"的问题。

关玲（2003）也认为"V 完"中的动词必须是可持续的，如"上完课"可以说，而"下完课"则不能说；"上班"是"在规定的时间到工作岗位开始工作"，因此也不能说"上完班"。同一个动词，当它表示瞬间意义时，不能用"完"，而表示持续意义时就可以用"完"。"走"有离开的意义，不能说"走完了"，而应该说"人都走光了"。董秀芳（2004）也认为"V 完"中的动词必须具有一定的内部时间过程，不能是瞬间动词，如不能说"坐完""眨完""点完（头）"等。

5."完"的虚化研究

石毓智（2003）认为，双音节动补结构的轻重音格式通常为：重音 + 轻音。第一个语素负载一个重音，第二个语素则倾向于弱化而成一个轻音。受这种双音格式的影响，两个语素在融合成一个复合词的过程中，第二个语素的语音形式常常会弱化。动补结构中，补语的语音形式容易弱化，因为它们时常位于一个短语的第二个音节的位置。作者还认为，补语成分语音弱化的可能性大小与它们的使用频率成正比。例如，体标记的语音形式弱化程度最高，"了"和"着"不仅失去了调值，而且韵母也弱化为一个最含混的央元音，这与该类词高频率用于动词之后有关。经常作结果补语的"完""好"和"掉"等，不仅语义已经大大虚化，而且语音形式也弱化了，失去了独立的调值，与动词的搭配也相对较为自由。也可以把它们看成准体标记。

6. "V 完"的成词研究

胡明扬（1999）认为，凡是补语在语义上不修饰动词，而实质上是修饰另一个谓语的，按理不应该是"词"，如"走累了"的"走累"，"吃饱了"的"吃饱"，等等。如果动补结构中补语是修饰动词的，如"拉住""吃完""扔掉"，等等，后面的补语是有限的一些常常用做补语的"补词"，按理应该算"词"，但是词典往往不收，大概是怕数量太大，因为"补语"往往处在虚化过程中，有的则和动态助词非常接近，但是这一类词很难说是能"见字明义"的，按理应该收。就词典而言，也可以只收"－住"、"－完"、"－掉"，等等，然后在后面附上一批常用的动补结构的"词"作为例子。

从上面的引述也可以看出，目前关于"V 完"的研究所涉及的面是非常零散的，研究的深度也很不够。虽然有些学者（刘月华，1988；刘勋宁，1988；钟兆华，1995；岳利民，2006）已经意识到"完"内部的语义指向及意义是有差别的，但是他们没有对其进行内部划分。

关于"完"对"V 单"的语义选择，王还（1990）、关玲（2003）、董秀芳（2004）都认为能与"完"搭配的动词都必须是持续的、有一个内部持续的过程，但是他们都没有考虑到作补语的形容词"完3"，能与"完3"搭配的动词既可以是非持续的（即瞬间动词），也可以是非自主动词。

石毓智（2003）认为，经常作结果补语的"完"不仅语义已经大大虚化，而且语音形式也弱化了，失去了独立的调值，与动词的搭配也相对较为自由。也可以看成准体标记。我们认为他的眼光是敏锐的，但我们认为他的观点过于笼统。其实，由于句法环境的不同，"完"的语义指向和虚化程度也会各不相同。石所说的"完"其实只是我们文中讨论的"完1"，"完2"的虚化程度并不太高，而形容词补语"完3"目前还没有虚化。

刘勋宁（1988）、关玲（2003）有关"V完"和"V了"的区别，分析得已经非常透彻，我们不打算继续深挖下去，而是换一个视角，讨论句法位置都位于句中谓语动词后面的、虚化程度较高的"过1""了1"和"完1"的功能同一性。另外，关玲（2003）对"V完"的句法特点的描述和胡明扬（1999）对"V完"成词见解很好，在我们的论文中将加以应用和发展。从上面有关"V完"的研究现状可以看出，目前关于"V完"的研究是很少的，这就为我们对"V单＋完"的继续深入研究留下了较大的空间。

二　完成体的相关研究

由于完成体概念的复杂性（详见下文第三节的分析），本节有关完成体的研究综述，主要从"完成体的历时演变研究"和"完成体的方言语法研究"两个方面展开，至于完成体其他方面的研究详见各相关章节，这里不再展开。

1. 完成体的历时演变研究

完成体的历时演变，主要可以分为完成体动词或完成体助词的沿革和完成体构式两个方面。

梅祖麟（1981）把表示"终了、完毕"意义的动词"毕、讫、竟、了"等叫"完成动词"。钟兆华（1995）也把用于动词之后表示动作行为终止、完成意义的动词称为"完成动词"。

到目前为止，只有钟兆华（1995）对近代汉语完成态动词的历史沿革进行了开创性的研究，他研究的历史跨度从魏晋到明清：钟以宋元为界，从魏晋到宋元，主要考察了单音节完成动词，如"毕、竟、了、终、已"等的历史沿革；从宋元到明清，主要考察了双音节完成动词，如"了毕、完毕、完罢、已了、已罢、已讫"等的历史沿革。

与钟先生的研究相比，我们的研究有三个突出特点：1）所讨论的完成词语的历史跨度更大，从战国一直到当代；2）完成词语的朝代更换更加具体、细化，尽量做到每一个朝代典型的完成动词都考察到；3）吸收了许多前人有关完成词语的颇具影响力的研究成果。总之，我们将综合各位方家的已有研究成果，尝试利用历史语言学中的构拟方法，重溯从"古代汉语→近代汉语→现当代汉语"中"完成"动词或助词的历史沿革过程。

以上讨论的是完成体助词，下面来看完成体构式。

梅祖麟（1981）《现代汉语完成貌句式和词尾的来源》一文对现代汉语完成貌的历史形成过程进行了分析。从南北朝到中唐，"动＋宾＋完成动词"这个句式早已形成，后来词汇发展变化，形成唐代的"动＋宾＋了"。从中唐到宋代，完成貌"了"字挪到动词和宾语之间的位置，从而形成"动＋了＋宾"格式。

梅祖麟（1999）《先秦两汉的一种完成貌句式——兼论现代汉语完成貌句式的来源》一文利用《战国纵横家书》、《史记》、东汉翻译佛经等资料说明，"动＋（宾）＋已，下句"这种完成貌句式从战国晚期开始已经存在。而这种句式就是晚唐五代"动＋（宾）＋了，下句"句式的前身。战国的完成貌句式的形成，是先有了"动＋（宾）＋已"这种独立成句的句式，随后再在后面加上一句。

杨永龙（2001）专著《〈朱子语类〉完成体研究》，在总结以往汉语体标记和体范畴研究成果的基础上，以《朱子语类》完成体为研究对象，理出了关于体的纷呈异说的头绪，澄清了体与时、事件、情状类型之间关系的各种认识，扩大了体标记的研究范围。杨永龙（2009）《不同的完成体构式与早期的"了"》一文认为，汉语史上存在着两种不同的完成体构式：A式，V（＋O）＋X（X＝毕/已/了）；B式，V＋X（＋O）（X＝却/得/取），两种构式在句法形态、语义语用、话语功能等方面都有不同表现。

2. 完成体的方言语法研究

完成体的方言语法研究，最近几年比较热，主要体现在出现了不少描写某一方言点完成体的硕士论文或期刊论文。

在硕士论文方面，主要有7篇描写方言完成体的论文（少数民族语言我们没有检索到以"完成体"为主题的硕士论文）。

唐娟华（2004）对山东方言动词的完成体"喽""啦""哩""唠"，进行详细的分析描写。此外山东方言还可以用儿化、变调及音长、音强等表示完成。徐奇（2010）对赣方言完成体标记"吓、了、哩、既、刮、得、脱、来、咧、呃、矣、咯、嘎、啊"等，进行了详细的分析。范彦

（2010）对湖南华容话完成体"哒""哦"的句法语义特征及其历史来源，作了较为详细的分析。李蕾（2011）则从方言类型学的角度，对汉语官话方言、晋语、吴方言、湘方言、客家方言、赣方言、粤方言、闽方言等方言区的完成体标记，进行了跨方言的比较分析。刘蕙（2011）对安徽巢湖方言的完成体标记"着""得"及其连用形式"得着"，进行了描写分析。孙珊珊（2012）描写了湖南洞口赣方言中表示完成体的助词系统："呱""起""倒"。吴臻（2013）对河南平舆方言中表示完成的体标记词"了""唡""来"进行了详细的描写分析，并跟普通话完成体标记"了"和其他方言完成体标记进行了比较。

以上对汉语方言完成体的研究可以归纳为三类：第一类是基于单个方言点的完成体研究，如范彦（2010）的湖南华容话、刘蕙（2011）的安徽巢湖方言、孙珊珊（2012）的湖南洞口赣方言、吴臻（2013）的河南平舆方言。第二类是基于某个方言区的完成体研究，如徐奇（2010）的赣方言、唐娟华（2004）的山东方言。第三类是对完成体的跨方言研究，如李蕾（2011）对汉语几大方言完成体的比较研究。

在期刊论文方面，据我们对中国知网的粗略统计，直接或间接描写某一具体方言点或民族语言完成体的期刊论文比较多，大概有50多篇，下面简要介绍其中直接讨论完成体的。

一是某方言点完成体的宏观研究。唐正大（2013）对陕西关中（永康）方言中的完成体进行了详细分析。刘芳（2002）对潞城方言完成体的研究。肖平（2004）对湖南鄱阳湖八县（彭泽、都昌、湖口、星子、永修、波阳、余干、新建）方言完成体的研究。邓开初（2004）对宁乡方言完成体的研究。任燕平（2005）对江西吉安方言完成体的研究。王丽（2006）对莆仙方言动词完成体的研究。李木子（2006）对安徽芜湖清水方言完成体的研究。刘辉明（2008）对江西赣语乐安（湖溪）话完成体的研究。陈艳兰（2012）对湖南炎陵客家方言完成体的研究。甘于恩（2012）对粤方言变调完成体的研究。

二是对某方言点完成体标记词的研究。甘于恩、许洁红（2013）对广东粤方言完成体"遁"的研究。甘于恩、赵越（2013）对广东粤方言完成体"休"及相关形式的研究。唐桂兰（2013）对安徽宿松方言完成体"着""脱""倒"的研究。张其昀（2005）对江苏扬州方言"消极"性完成体标记"得"的研究。胡德明（2008）对安徽芜湖清水话中对象完成体标记"得"的研究。欧沽琼（2007）对郴州话完成体"地"的研究。陈淑环（2010）对惠州方言完成体"抛"的研究。袁媛（2012）对湖北荆门方言完成体"起"的研究。

三是对少数民族语言完成体的研究。金理鑫（2005）对汉藏语完成体后缀 *-s 的研究。周国炎（2009）对布依语完成体的研究。冀芳（2011）对贵州少数民族语言完成体的研究。

第三节　完成体的含义及研究范围

完成体是时体系统中一个复杂而备受争议的概念。Givón（1984：278）、Bhat（1999：169）就指出，"完成体"是最为复杂的一个"时制—体貌"结合体：一是涉及时制因素，如时间参照点、时序和时位；二是涉及体貌因素，如完整体；三是涉及"时制—体貌—情态"系统以外的范畴，如被动式和状态的概念。Brinton（1988：6—7）认为，"完成体"的体貌意义包括结果（result）、现时相关性（current relevance）和完结（completion），同时又具有非体貌意义。Lindstedt（2000）从语法化的角度指出，完成体具有"现时相关性"功能，实际上是因为完成体处于语法化道路上的一个枢纽位置或汇合处（junction），完成体除了带有"结果"（resultative），并且已经朝着体、时制和证据意义（evidential meanings）的三元方向迈进。

Schwenter（1994）则把完成体分为以下五种功能：1）结果性完成体（resultative perfect），表示当前的状态是由过去发生的动作所引起的；2）经历性完成体（experietial perfect），表示特定的情状在过去到现在的一段时间至少发生过一次；3）持续性完成体（continuative perfect），表示一个过去发生并持续到现在的情状；4）现时相关性（current relevance），即一件过去发生的事件持续到现在，并对现在产生一定的影响；5）报道新情况（hot news），根据时间的即时性以及它所感受到的重要性而认为它是相关的。

Givón（2001：293—7）也认为，完成体在功能上是最为复杂而难以捉摸的语法体（The perfect is functionally the most complex and most subtle grammatical aspect），因为它经常同时涉及四个特征：1）先时性（anteriority），指事件或状态的起始点先于时间参照点；2）完整体性质（perfectivity），指完整体的时间属性，它着眼于终点与界限，与过去时有着强烈的联系；3）延展的相关性（lingering relevance），指完成体的事件通常不是与发生的当时相关，而是跟随后的参照时间相关；4）顺序性（sequentiality），指按照事件发生的自然顺序描述，而不是以一种不同于自然发生的顺序来描述。

本书的完成体范围较广，能够标示事件终点、结束的，都在完成体的涵盖范围之内。基于以上完成体概念的复杂性和多功能性，因而正文部分我们把完结体、结果体、先时体和完整体都看成是完成体的下位小类：1）完结体（completive）表示事件的完成，并隐含某种结果；2）结果体（resultative）强调事件的结果并隐含事件已经完结；3）先时体（anterior），在文献中又被称为完成体（perfect），表示事件发生于一个参照时间之前并与在参照时间发生的事态相关；4）完整体（perfective）表示将一个事件看作一个整体，不区分事件由哪些内部阶段构成。

以上四个术语虽然含义不同，但是都跟事件的终点和结束有着紧密的联系，不同的只是它们的语法化程度高低有差别。比如 Byee，Perkins & Pagliuca（1994：51—105）就通过对世界范围内不同地区、不同语系、不同类型的 76 种语言的研究发现，完结体（completive）、结果体（resultative）、先时体（anterior，在文献中又被称为完成体 perfect）、完整体（perfective）之间有着以下一条语法化链条。

完结体 →　结果体　→ 完成体　→ 完整体

以上这条语法化链最重要的促成因素是现时相关性（current relevance）。现时相关性在英语文献中常被称为完成体（perfect），在广义上可以被理解为先时体（anterior）的同义词，狭义上主要指现时相关性。现时相关性脱离狭义的结果状态存在的限制，使得完结体或结果体发展为完成体；现时相关性进一步弱化，又促成了单纯表示事件进程的完整体的形成。现时相关性的复杂性，Lindstedt（2000）就指出，现时相关性不仅仅是一个功能范畴，而且也是一个交叉点（junction）：具有不同源头的语法化路径如结果性成分、完结性成分在此汇聚，然后再进一步语法化为经历体、完整体的过去时、一般过去时，以及间接传信成分。

此外，Byee，Perkins & Pagliuca（1994）从历时的角度研究发现，完结体、先时体和完整体的一个共同语源是"完成（finish）"。也就是说，

"完成"意义动词是完结体、结果体、完成体和完整体语法化来源的源头。Dahl（2000：14）把表达时体范畴的语法语素，按照语法化程度分为核心语法语素和边缘语法语素两种类型：核心语法语素包括未完整体、完整体、过去时和将来时；边缘语法语素包括完成体、进行体、习惯体、反复体等。边缘语法语素跟核心语法语素之间存在着语法化上的联系，两种语法类型之间的联系之一是：结果体、表示"已经"意义的成分、表示"结束"意义的成分 → 完成体 → 完整体。

陈前瑞（2008）采用了 Byee, Perkins & Pagliuca（1994）的概念系统，但略有改进，认为：完结体（completive）即彻底、穷尽地完成或结束某事（to do something throughly and to completion）；完成体（perfect 或 anterior 先时体）指事件发生在参照时间之前，并与参照时间的情景相关，即现时相关性；完整体（perfective）指情状在时间上是有界的，是一种用来叙述离散事件序列的体。并把三者之间的演变路径归纳为：完结体→完成体→完整体。

需要强调的是，不同语言中时、体、态的凸显程度也不一样，那么这些语言中完成体的语法化方向也不同。Bhat（1999）就指出，确实存在"时制凸显语言（tense-prominent languages）""体凸显语言（aspect-prominent languages）"和"情态凸显语言（mood-prominent languages）"。"时制凸显语言"直接从早期完成体发展出过去时标记，"体凸显语言"直接从早期完成体发展出完整体标记，"情态凸显语言"直接从早期完成体发展出情态标记（modality markers）。

本书以动结式"V 单 + 完"为切入点，试图运用多种理论，如认知语言学理论、语法化理论、词汇化理论、韵律句法学理论、语言类型学理论，全方位透视现代汉语完成体的共时变异和历时演变过程。具体探讨了补语"完"的内部划分、语义指向、有界化差异、融合度等级等，对汉语史上的"完成"义动词或助词的历时沿革以及完成体构式的历时演变过程进行了分析，最后尝试性地探讨了"完成"在汉语体貌系统中的地位和作用。

根据谓语动词的复杂程度，Talmy（1991，2000）将世界上的语言分为两种。第一种叫"动词构架语言"（verb -framed language），这类语言是用动词词根来表示路径，如果要表达方式或原因就得用两个不同的动词短语，西班牙语、现代希腊语、日语、土耳其语、北印度语、希伯来语、巴斯克语、法语等属于此类。第二种叫"卫星构架语言"（satellite - framed language），这类语言普遍把位移的路径（path）和位移的方式（manner）或原因（cause）表达在同一个谓语句里，谓语结构可以表示为"核心动词＋小品词（particle）"，其中的"小品词"可以是介词、动词、副词等，它负载着重要的语法意义，包括动作的方向、终点、结果等，汉语、英语、德语、俄语、瑞典语等属于这一类。汉语动词后的"小品词"类型不多，主要有体貌标记和各种类型的补语，尤其是表示完成体的结果补语。也就是说，汉语完成体的研究对更深入了解汉语这种"卫星构架语言"的类型特征具有重要的现实意义。

第四节　研究理论、方法和语料

在进行语法研究时，语言学理论是必不可少的。如果研究者不具备某些理论素养，那么一些有研究价值的语法现象也就很难被发现。此外，语言学理论指导下的语法研究才能研究得更有深度。因此，我们认为每一种与之相关的理论，都能为观察"V 单＋完"及完成体的独特属性提供新的视角和视野。因为"理论和事实是一种相辅相成的互动关系，研究深入以后，理论可以帮助发现更多的语言现象，这些语言现象原来没有注意到；反过来，新发现的现象又会改进已有的理论"（沈家煊，2004）。譬如第二章讨论补语"完"对主语、宾语、动词的有界化作用，就是在"有界""无界"理论的基础上发现的，我们对"完"的有界化作用的研究，又可以拓宽"有界""无界"理论的应用范围。

在理论上，我们尽量取长补短，把结构主义注重语言现象的精细描写与认知功能的强调解释相结合。文中运用的理论主要有：认知语言学理论、语法化理论、词汇化理论、韵律句法学理论、语言类型学理论等。

在语法分析方法的利用上，也是汲取各派分析方法之长。文中综合利用了语义指向分析法、变换分析法、语义特征分析法等。在研究方法上，我们努力做到共时（静态）与历时（动态）、形式与意义、描写与解释、定性与定量的有机结合。"完"是一个虚化程度相当高的补语，它广泛存在于日常生活中，加之本书的研究目的大部分都是定性分析，所以文章语料的构成，也很具特殊性：

1）北京大学中国语言学研究中心的现代汉语语料库和古代汉语语料库；

2）人民网搜索频道、百度、搜狐等网上语料，根据需要对语料进行了筛选和删减；

3）从日常生活中搜集到的语料，大多数是口语；

4）已有相关研究中的极少数典型例句。

第五节　书稿框架与主要内容

本书试图运用多种理论，如认知语言学理论、语法化理论、词汇化理论、韵律句法学理论、语言类型学理论等，全方位透视现代汉语完成体的共时变异和历时演变过程。具体探讨了补语"完"的内部划分、语义指向、有界化差异、融合度等级等，对汉语史上的"完成"义动词和助词的历史沿革过程进行了分析，最后尝试性地探讨了完成在汉语体貌系统中的地位和作用。

书稿除了绪论和结语之外，主体内容共计十三章，又可以分为三个部分：

第一部分是前六章（第一至第六章），主要是探讨补语"完"。具体包括补语"完"的内部划分、分布规律、语义指向、融合度等级、有界化对象差异、对动词的语义选择、"完"跟体标记"了""过"之间功能共性，以及补语"完"的词汇化和语法化倾向。

第二部分是中间两章（第七章、第八章），主要探讨古代汉语完成义动词、完成义助词的历时沿革过程，古代汉语完成体构式的历时衍生过程，以及现代汉语完成体和完成体构式的方言共性与差异。

第三部分是后五章（第九至第十三章），此部分尝试把完成体贯穿到情状体、阶段体和视点体这三层级体貌系统之中，进而讨论与本课题有关的新问题，最后是从整体上讨论情状体、阶段体和视点体三层级体貌之间的内在关联。

第一章

补语"完"的内部划分规律

第一节 动结式"V 单 + 完"的含义

一 动结式的含义

动结式最早见于吕叔湘（1980）主编的《现代汉语八百词》，书的第一部分"现代汉语语法要点"中有这样的叙述："主要动词加表示结果的形容词和动词，可以叫作动结式。作为动结式的第二个成分的动词和形容词，最重要的是'了（liǎo），着（zháo），住，掉，走，动，完，好，成'等。"蒋绍愚（2005）也认为"动词＋结果补语"所构成的述补结构是"动结式"。

综合上面的分析，我们可以把"动结式"作如下的定义，即由动词加上表示结果的形容词或动词构成的动补结构，叫作动结式。动结式的"动"绝大多数是动词，极少数是形容词；动结式的"结"大多数是形容词，少数是动词（袁毓林，2000）。动词和形容词在动结式中有很强的规律性，它们的分工好像是互补的：动词倾向于做"动"，而形容词则倾向于做"结"（李思旭，2009）。

能够充任结果补语的动词为数不多，常见的有："走、跑、动、倒、翻、病、死、见、懂、成、完、通、穿、透"等（朱德熙，1982）。"完"就是上述朱先生所说的为数不多的动词中的一个，由"完"与"V"构成的"V＋完"当然也是动结式。

二 动结式"V 单 + 完"

2003 年关玲在《中国语文》上发表了《普通话"V 完"式初探》，文章讨论的也是动结式，虽然她文中讨论的"V"都是单音节词，但"V 双"后面也可以跟"完"，如参观、欣赏、翻译、休息、讨论、介绍、修理、整理、表扬、表演，等等。据我们对《汉语动词用法词典》的考察，共有 223 个双音节动词可以与"完"组成动结式（详见第四章第一节的统计分析）。因而采用"V 完"式的说法表意不够精确。另外，从韵律词的角度看，"V 单 + 完"有词化倾向，因为"V 单 + 完"正好符合韵律构词学中的一个音步，而一个音步槽（slot）中的两个音节之间的关系是非常紧密的，最容易发生边界的消失进而发生词汇化，而"V 双 + 完"就不会发生词汇化。基于以上三个方面的原因，所以我们没有沿用"V 完"式，而是使用了更精确、更科学的"V 单 + 完"。

"V 单 + 完"前面的修饰成分"动结式"，一方面是对动补短语"V 单 + 完"的定性；另一方面是因为本文对"V 单 + 完"属性的研究，是放在"动结式"这一上位范畴中进行的，"V 单 + 完"只是一条串起全文的中心线索。"属性"是指"事物所具有的性质、特点"（《现代汉语词典》）。本书后面几章所讨论"V 单 + 完"的属性既包括句法、语义方面的，也包括认知和语用方面的。

第二节　"完 1""完 2""完 3"的划分

一　补语语义指向的复杂性

语义指向是指句法成分的语义指向，具体说是指某个句法成分在语义上跟哪个成分发生最直接的联系。补语的作用在于"说明动作的结果或状态"（朱德熙，1982），但是，补语不一定都是指向动词的，即不一定都与动词有关。关于补语的语义指向，学界大多把它分为以下三类：

1. 指向主语：

> 他喝醉了酒。
> 妈妈累病了。
> 我听懂了她的话。
> 中国队打赢了日本队。

2. 指向动词：

> 我来晚了。

你跑得太慢了。

猫逮着了耗子。

爸爸最近遇到了难题。

3. 指向宾语：

妹妹哭湿了枕头。

我打碎了杯子。

她哭哑了嗓子。

中国队打败了日本队。

二　"完1""完2""完3"划分的依据

关于补语"完"的语义到底跟句子中的哪个句法成分有语义关联，前人已有一些研究，这是我们下文对补语"完"进行内部划分的必要基础，但需要说明的是，前人并没有互相参考，而是各自独立地提出"完"的语义既可以指向谓语动词，也可以指向宾语。这在一定程度上印证了我们的"完1""完2"划分的正确性。为了讨论方便，我们把与补语"完"语义指向有关的前人研究再次引述如下。

詹人凤（1986）认为，有时同一个动词或形容词可以在有两个表述的 V－R 式中充当 R，也可以在只有一个表述的 V－R 式中充当 R。如"我吃完饭了"，这句话是有歧义的：

（1）a. 我吃完饭了，（请再添一点。）

b. 我吃完饭了，（出去散散步。）

詹人凤认为这种歧义与 R 的表述有关，a 句是两个表述：a1 我吃饭；a2 饭完了。这时有因果关系，"饭完"是"我吃"的结果。b 句只有一个表述：我吃完饭。"吃饭"这件事（这种行为）"完"了。"饭"是否"完"不一定，也与本句传达的信息无关，这时"吃"与"完"之间没有因果关系，"完"说明"吃"的进行情况。

刘月华（1988）在讨论"过1"与补语"完"的区别时，认为"过

1”只着眼于动作的完结。“完”不仅着眼于动作的完结，还可以表示动作所涉及的事物的穷尽，如“他把钱花完了”。在“他刚吃完饭”与“他把米饭都吃完了”两个句子中，第一句的“完”表示动作“吃”完结，第二句中的“完”表示“米饭”没有剩余，吃光了。

刘勋宁（1988）认为北京话的“V完”是一个歧义格式。“完”既可以指动作本身的完成，也可以指动作对象的完成。比如：

（2）a.（有话）吃完再说——指动作

b.（饭）吃完再添——指对象

（3）a.（板凳）使完了还给我——指动作

b.（钱）使完了就找我要——指对象

并且作者指出，许多方言里，这两种意义是靠不同的补语成分来区别的，如动作完成用“毕、罢、过”等，动作对象完成用“完、掉”等。如：

（4）西安话：

吃毕了再买——指动作

吃完了再买——指对象

（5）西宁话：

话吃罢了再说呵成？（有话吃完了再说行吗？）

米吃完了再买呵成？（米吃完了再买行吗？）

钟兆华（1995）指出，作为完成态动词用于动词之后，“完”表示两个不尽相同的意思。

其一，表示该行为动作终了，如：

（6）吴道官写完疏纸，于是点起香烛，众人依次排列。（《金瓶梅》）

（7）每日早晨，在白衣大士前礼拜百来拜，密诉心事。任是大寒大暑，再不间断。拜完，只在自己静室中清坐。（《拍案惊奇》）

例（6）的“写”有宾语，“完”所表示的也还是行为本身，而不是行为的对象。

其二，表示行为涉及的对象终了，如：

（8）眨眼和尚把汤喝完，赵头一掏钱，整整剩了二十壶酒钱，一个不多，一个不少。（《济公全传》）

（9）人瑞道："铁爷不吃烟，你叫他烧给我吃罢。"就把烟签子递给翠环。翠环鞠拱着腰烧了一口，上在斗上，递过去。人瑞"呼呼"价吃完。（《老残游记》）

从语法功能上说，"完"都是表示结果的补语，只是表示行为终了和行为的对象完结两者之间的差别。

岳利民（2005）在分析多义动词结构式时，也谈到了补语"完"的语义指向问题。例如（以下引用岳文的例句，我们作了校订和完善）：

（10）胡新民也很快回了电话，他说那家伙刚刚在饭馆吃完饭，正在结账。（海岩《永不瞑目》）

（11）有时，我们喝完咖啡很兴奋，坐在灯下彻夜长谈。我也问晶晶："我什么地方，嗯，吸引了你，让你这么喜欢？"（王朔《浮出海面》）

（12）"我没有意见，这是你的家，我没资格有意见"。她有点狼狈，不知该说什么，剩下的饭也没有心情吃完。（海岩《永不瞑目》）

（13）他们又干了一杯，喝完了一瓶红酒，石邑开了一瓶白酒。（王朔《永失我爱》）

他认为，当"完"语义指向述语中心时，如例（10）和例（11），"完"表示动作过程的结束。当"完"指向受事成分时，如例（12）和例（13），"完"表示某物消耗尽了，没有剩余。

从上面的分析可以看出，补语"完"的语义指向，并不是单指的（即只指向其所依附的动词），而是双指的，甚至是三指的。虽然上面各位方家（詹人凤，1986；刘月华，1988；刘勋宁，1988；钟兆华，1995；岳利民，2005）已经意识到"完"内部的语义指向及意义是有差别的，但是他们并没有对"完"进行内部划分。除了上面讨论的指向动词和受事成分（一般为宾语）之外，我们下文将分析到"完"的语义还可以指向主语。

　　总之，随着"V单 + 完"所在句子的主语、宾语和谓语动词的不同，补语"完"的语义指向也会有所不同。为了讨论的方便，我们将在以下三组简单的短语中来分析，考虑到下文变换分析的需要，A、B两组的主语都省略了，C组的例句在原文上作了删减（原文见第二章附录）。

A	B	C
吃完饭了	跑完了 2000 米	毒虫野兽都死完了
拍完戏了	喝完了两瓶酒	游客都已走完了
听完音乐了	看完了这部电影	那个楼还没有塌完
看完电视了	读完了《红楼梦》	冰箱里的蔬菜快烂完了

　　A组例句可分为两种类型：1）动宾式离合词中间插入了补语"完"，其中的"饭""戏"等也由原来词汇层面的宾语素升格为短语层面的宾语；2）动宾短语的动词和宾语之间插入"完"，如"听"与"音乐"之间，"看"与"电视"之间。无论是以上两种类型中的哪一种，其宾语名词都不具有个体性（individuality），在语义指称上都是"无指"的（nonreferential)[①]，即只是着眼于该名词的抽象属性，而不是指具体语境中具有该属性的某个具体的人和事物。如"吃饭"中的"饭"不能与语境中存在的某个实体（如馒头、面条、稀饭、水饺等）联系起来，只表示一个虚幻的类概念（"就餐"或"用餐"意义）。A组中补语"完"的语义指向谓语动词，表示动作的结束，记为"完1"。1）类动宾式离合词还有"读书、见面、发言、备课、休假、开会、洗澡、考试"，等等（见本章附录）。

　　与A组相比，B组例句的特点是其宾语都是"有指"（referential）的，即一个名词性成分的表现对象是说话中的某个实体（entity）。"有指"又包

---

　　① 陈平（1987）认为，像"读书、吵架、打仗、打牌、洗澡、捕鱼、酗酒、告状、抽烟"这些动名组合中的名词性成分是"无指"的。这类动名组合语义单一，名词性成分不代表预料中任何一个具体事物，而只是作为补充动词语义的外延成分进入组合。沈家煊（1999：256）认为，像"吃饭""唱歌"这样的动宾组合性复合词，其中的名词宾语"饭"和"歌"在言谈中提供的信息量很小，大致可以根据前面的动词预测出来，按陈平（1987）它们是"无指"（nonreferential）的名词，跟"吃一碗饭"和"唱那首歌"中的"一碗饭""那首歌"的信息地位很不一样。在是否能用代词复指方面也就有区别：

　　a. 她昨天唱了一首歌i。它i 的旋律很优美。

　　b. 她昨天唱歌i? 它i 的旋律很优美。

括"定指"和"不定指":发话人在使用某个名词性成分时,如果预料受话人能够将其所指对象与同一语境中可能存在的其他同类实体区分开来,则该名词性成分是定指成分;反之,发话人预料受话人无法将其所指对象与语境中其他同类成分区分开来,则这一名词性成分是不定指成分(陈平,1987)。B组中,"3000米"是"数词+名词","两瓶酒"是"数词+量词+名词","这部电影"是"这+量词+名词",《红楼梦》则是专有名词。按照陈平(1987)的标准,前两个是不定指的,后两个则是定指的。B组中补语"完"的语义既指向动词,表示动作的结束,也指向后面的宾语,对宾语进行"全称量化"(universal quantify),即动作遍及宾语所指的整个范围,或宾语是"完全受影响"(totally affected)①,记为"完2"。

C组的特点是句子都必须有主语,而且主语在语义上不能是受事成分,谓语动词不带宾语。补语"完"的语义指向主语,对主语进行"全称量化"(说明主语都参与了动作行为,详细分析见第二章第三节)。

"完1""完2""完3"的语义指向的差异,可以在下面的这张表中清晰地看出。

完1、完2、完3语义指向表

	主语	谓语	宾语
完1	–	+	–
完2	–	+	+
完3	+	–	

下面就用变化分析法来分析以上三组例句之间的差别。为了讨论的方便,我们把"完1""完2""完3"所存在的A、B、C三组句子,依次叫a式、b式、c式。那么,他们之间有什么差别呢?把a式的受事宾语移到主语的位置上,就得到d式:

---

① 与"完全受影响"相对的是宾语"部分受影响"(partially affected)。在格形态丰富的芬兰、匈牙利和爱沙尼亚等语言中,当宾语"完全受影响"时使用宾格(accusative case),当宾语"部分受影响"时则使用部分格(partitive case)。Partitive(case),是一种介绍参与者是部分受影响"partly affected"或部分"a part of"参与。

以语义平面为起点,我们在做部分量(partial quantity)对句法形态(syntax-morphology)和语序制约的类型学研究,以期把三个平面与当代语言类型学相结合。当然陆丙甫先生在这方面已迈出了开创性的第一步,他从类型学角度探讨了句法、语义和语用之间的互动关系。这一成果对我们的研究具有很大的启发作用。

```
        a                d
    吃完饭了    →    饭吃完了
    上完课了    →    课上完了
    听完音乐了  →    音乐听完了
    看完电影了  →    电影看完了
```

把 b 式的受事宾语移到主语的位置上，就得到了 e 式：

```
        b                     e
    跑完了 2000 米    →    2000 米跑完了
    喝完了两瓶酒      →    两瓶酒喝完了
    看完了这部电影    →    这部电影看完了
    读完了《红楼梦》  →    《红楼梦》读完了
```

d 式和 e 式句式相同，都是受事名词做主语，这两句之间有什么差别呢？我们认为主要差别在于，由 a 式变换而来的 d 式，其主语是光杆名词，在语义指称上，由于它处在谓语动词前的句首，因而是定指的（赵元任，1979；朱德熙，1982；徐通锵，1997；石毓智，2001）。即 d 式中的主语分别表示已知的确定的"一顿饭""一次课""一场戏""一次拜年"。而由 b 式变换而来的 e 式，其主语既可以是定指的，如"这部电影""《红楼梦》"，也可以是不定指的，如"两瓶酒"。e 式与 d 式的差别主要在形式上，e 式的主语都是非光杆名词，即名词前面有修饰语，所以 d 式 ≠ e 式。

由 a 式、b 式变换而来的 d 式、e 式跟 c 式差不多，它们之间有什么差别呢？我们认为它们之间至少有两处不同：

首先，c 式的主语不能移到宾语的位置上。

```
    毒虫野兽都死完了      →    *都死完了毒虫猛兽
    游客都已走完了        →    *都已走完了游客
    那个楼还没有塌完      →    *还没有塌完那个楼
    冰箱里的蔬菜快烂完了  →    *快烂完了冰箱里的蔬菜
```

其次，d 式、e 式的主语和 c 式的主语在语义上也是有差别的：c 式是非受事主语（包括施事或当事）；而 d 式、e 式的受事主语是从 a 式、b

式的受事宾语移位而得到的。

上面的"完3"似乎也可以并入"完2",因为把"完2"的宾语移到主语的位置上,即e式,好像就能形成"完3"所在的句子,即c式。

跑完了2000米	→	2000米跑完了
喝完了两瓶酒	→	两瓶就喝完了
看完了这部电影	→	这部电影看完了
读完了《红楼梦》	→	《红楼梦》读完了

但仔细观察两者还是有差别的:"完2"的宾语移到主语位置上就成了受事主语,这与"完3"的主语必须是非受事主语相矛盾。

此外,"完2""完3"的语义也是不同的,"完2"表示"完成或结束"的意思,"完3"表示"全、都"的意思,而"全""都"都是范围副词,也就是说,"完3"说明参与动作的主语的范围①。这也可以从所引例句"完"与"都"的搭配共现中看出。

那么"完1"和"完2"如何区别?前面已经分析了,它们的主要差别就在于其后所带的宾语名词的不同,即宾语是"无指"的还是"有指"的(包括定指的和不定指的)。宾语如果是"无指"的则为"完1",如果是有指的则为"完2"。

动结式中的"完",根据语义指向划分出的"完1"和"完2",都处于相同的句法位置——补语,但两者的语义指向却不同,这是什么原因

---

① 关玲(2003)认为,与"V完"式表示行为持续过程的结束相联系,此时暗示动作、行为作用于受事在数量上的无遗漏、范围上的周遍和程序上的完备。"V完"式的这一性质还决定了它常与范围副词"都""全"等词语搭配使用,如:

(1)这些书我都看完了。(共有n本,每本从第一页到最后一页都看过。)

(2)这本书我都看完三章了。(从第一章到第三章,无遗漏。)

(3)大家都表演完了,该你的了。

张谊生(2003)在讨论范围副词"都"对NP的量化时指出,"都"的量化过程能否实现取决于VP与NP相结合的整个事件的语义性质:当VP与NP组合后不能持续或重复时,VP只能表示全称量化,其NP就必须是复数形式,如"*那个字我都看了/那些字我都看了""*那粒药我都吃了/那些药我都吃了"。

当句中的VP与NP组合后可以持续或重复时,其NP既可以是复数式,也可以是单数式。复数式是对多个NP加以全称量化,如"这几本书我都买了""那几个苹果他都扔了"。单数式是对单个NP加以分化以后多次量化(即动作重复多次),如"这本书我都看了""那个苹果他吃了"。

呢？我们认为，这是由于它们所处的句法环境不同造成的，即它们所在的句子的主语、宾语、动词各不相同。这正如沈家煊（2004）所说的："影响动结式句法和语义表现的因素包括动词词项的特征、补语词项的特征、主语词项的特征、宾语词项的特征，等等，以及它们之间的互相选择、互相联系、互相限制。"

世界上任何事物都是表层现象千变万化、极不稳定，而其深层结构则较为稳定。人类认识的基本目标就是透过纷繁多变的现象去发现少数稳定的规律、模式（陆丙甫，1993）。下一节我们就在纷繁复杂的"V 单 + 完"句式中，归纳"完 1""完 2""完 3"的分布规律，即它们所存在的句法环境（或句法分布）的差异。

第三节　"完 1""完 2""完 3"的分布规律

汉语的句法成分有主、谓、宾和定、状、补。在一个单句的内部，这些句法成分之间是相互联系，相互制约的。尤其是在相邻的两个句法成分之间，这种语义制约关系体现得愈加明显。首先，这种制约关系典型地体现在动词与宾语的搭配上，如在普通话里说"吃饭"可以，说"喝饭"就不行；与之相反，说"喝茶"可以，说"吃茶"就不行。其次，这种制约关系体现在主谓搭配上，如说"她很漂亮"可以，说"老大爷很漂亮"就不行。关于词语之间的搭配选择，详见文炼（1982）的开创性研究。

下面主要是从句子中的名词性成分（即主语和宾语）出发，结合 20世纪初盛行的结构主义学派的"分布"（distribution）理论，尝试归纳出"完 1""完 2""完 3"的句法分布，即它们各自所依存的句法环境。至于谓语动词对"完"的影响，则放在"三个'完'对'V 单'的语义选择"一节（即第四章第一节）中作详细考察。

一　"完 1"存在的句法环境

"完 1"所在的句子大部分都是表示活动或事件的，因而句子的主语多是能发出动作的人，即施事，因此"完 1"的主语具有［＋自主］。

从前文的分析也可以看到"完 1"主要是插在动宾式动词或动宾短语VO 的中间，并且这里的宾语素或宾语必须是无指的，如：

（1）a. 她洗完澡了。

　　　b. 我们见完面了。

　　　c. 我做完作业了。

　　　d. 他们打完篮球了。

以上 a、b 两例中的"澡""面"都是离合词"洗澡""见面"的宾语素，它们是无指的。c、d 两例中的宾语"作业"和"篮球"，由于"表现对象不是话语中的某个实体（entity）"（陈平，1987），因而也是无指的。

二　"完2"存在的句法环境

"完2"所在的句法环境与"完1"的基本相同，主要差别就是在宾语上，"完2"的宾语都是有指的，包括定指的，表现为：

a. 宾语前有表示领属的人称代词

　　我看完了他的来信。

b. 宾语是专有名词

　　上周我读完了《红楼梦》。

c. 宾语是"这/那" + （量） + 名词

　　我做完这道算术题，就去睡觉。

和不定指的，表现为：

a. 数词 + 量词 + 名词

　　他一口气喝完了两瓶啤酒。

b. 数词 + 名词

　　他跑完 3000 米后，跌在地上，再也起不来了。

　　"完2"所在的句子还有一个特点，就是可以省略主语，然后把宾语提前，这样就变成了受事主语句，如：

　　　　我做完了数学作业。
　　　　→　数学作业做完了。
　　　　我洗完了所有的脏衣服。
　　　　→　所有的脏衣服都洗完了。

　　变换后的句子虽然没有了宾语，实际上主语位置上的名词就是变换前"原型"句的宾语，如上面变换前的"数学作业""所有的脏衣服"。

三　"完3"存在的句法环境

　　"完3"的主语可以是施事（agent），也可以是当事（theme），所谓的当事就是经历了谓语所表示的动作行为变化或状态的事物。当事和施事的主要区别在于：施事对谓语动作行为有施动力和控制力，是动作行为的主动发起者；而当事对谓语部分所表示的动作行为没有自主意识，不具备控制力（董秀芳，2002）。如：

　　　　（1）a. 宋惠珊每天去敲门，都没等到。星期六，宋惠珊提前下班，坐在设计院传达室里等。一直到办公楼里的人快走完了，宋惠珊才堵到华菁。（陆星儿《一个和一个》）
　　　　　　b. 住在河边的农妇牛凤琴把宋健让到自家院内："我家原先守着这条河，里面有鱼有虾，我们还养了不少鸭子，也就是四五年工夫，水越变越黑，鱼、鸭子都死完了。"（《报刊精选》1994 年）
　　　　　　c. 他心急如焚说："这几天再卖不出去，瓜就全烂完了。"（《人民日报》1993 年）

　　上面 a 例的"办公楼里的人"具有施动能力，是施事主语，b、c 两例中的"鱼、鸭"的"死"和"瓜"的"腐烂"，都是主体所不能控制的，是非自主的，因而"鱼、鸭""瓜"都是当事主语。
　　"完3"的主语不能是受事，如果主语是受事，则这里的"完"不是"完3"而是"完2"，如：

　　d. 瓜就全烂完了。　　d′. 瓜就全吃完了。

　　"瓜"在 d 句中担任当事主语，而到了 d′句中，则是受事主语，这里的"完"是"完2"。这从变换中可以看出：

　　d′瓜就全吃完了。→　吃完了所有的瓜。

　　此外，"完3"所在的句子的另一个特点，就是谓语动词不能带宾语，并且句子的主语必须是复数，如上面的"办公楼里的人""鱼、鸭""瓜"。
　　综合以上的分析，可以把"完1""完2""完3"所存在的句法环境（或分布规律）归纳如下：主宾语的有无用表 1 来表示；主宾语的语义类型用表 2 来表示。

表 1　　主宾语的有无

	主语	宾语
完1	+	+
完2	+	（＋）
完3	+	－

表 2　　主宾语的语义类型

	主语	宾语
完1	施事	受事
完2	施/受事	（受事）
完3	施/当事	－

第四节　三个"完"与"V 单"的融合度等级

　　前面第二节，根据语义指向的不同，我们把动结式"V 单＋完"中的补语"完"划分为"完1""完2"和"完3"。其中，"完1"语义指向动词；"完2"的语义既指向其前的动词，又指向其后的受事宾语；"完3"语义指向主语。那么三个"完"与其前面的单音节动词的融合有没有程度上的等级差别呢？答案当然是肯定的。

一　语义关联与融合度

　　通过对 50 种语言的调查，Bybee（1985）指出"融合"（fusion）与"语义关联"（semantic relevance）有很大关系（译自 Hopper & Traugott 1993）：

a. 与动词的意义有直接关联的意义成分比那些与动词意义没有直接关联的意义成分更易于与动词融合或结合。

b. 意义成分的排列顺序部分地跟它们与动词的关联程度有关。

c. 在与动词有关联的意义中，最普通的意义很可能是屈折地表达出来的。

结合以上三条，我们可以判断出，"完 1"与其前单音节动词的融合度最高。一是因为它的语义是指向谓语动词的，与动词的意义有直接关联，说明动词的内部时间结构，符合 a。如后面第三章将分析到，"完 1"虽然不是体标记，但他在一定条件下可以与"了 1""过 1"互换①，在一定程度上符合 c。二是它的使用频率非常高，因为"就同一个补语而言，它与不同动词的融合程度还是有高低之分，而决定这种融合程度高低的关键因素则是某个动词与这个补语的使用频率"（石毓智，2003）。三是从语音上判断：由于使用频率高，导致"完 1"的语音已经弱化了。

语义既指向动词，又指向受事宾语的"完 2"与其前的单音节动词的融合度次之。因为动词和结果补语关联的对象都是受事宾语：前者只是作用于受事的行为，后者表示该行为引起受事产生的结果。这种语义上的关联程度使得此类动补短语的融合程度很高。这从认知心理上也很好解释，因为当一个动作行为出现时，人们会自然地关注这一动作会产生什么样的结果。

语义指向施事主语的"完 3"与其前的单音节动词的融合度最低。这类动补短语跟前两类动补短语不同，虽然动词和补语形式上组成一个句法单位，但是语义上不仅关系松散，而且所关联的对象不同：动词作用的是受事，而结果补语描写的则是施事。此类动补短语代表的是两个相对独立的事件，违背了 a，所以融合度最低。换一个角度，如果从句子的整体结构来看，按传统的语法分析方法，句子首先分为主语部分和谓语部分，谓语部分再下分为谓词和宾语，如果用轨层结构可以表示为 [S [[V]

---

① 石毓智（2003）认为，经常作结果补语的"完"不仅语义已经大大虚化，而且语音形式也弱化了，失去了独立的调值，与动词的搭配也相对较为自由。也可以看成准体标记。我们认为石的眼光是敏锐的，但是他的观点过于笼统。其实，由于句法环境的不同，"完"的语义指向和虚化程度也会各不相同。石所说的"完"其实只是我们文中讨论的"完 1"，而"完 2""完 3"的虚化程度则相对较低。

O]]。动补是在谓语部分,一般情况下,补语要么指向动词,要么指向其后的受事宾语,而"完3"的语义却指向主语,即"完3"所指向的成分和自己不在同一个句法层级上,所以我们认为其融合度最低。

综上所述,我们认为"完1""完2""完3"与其前单音节动词的融合度等级可以形式化为:指动的"完1" > 指动、宾的"完2" > 指主的"完3"。

以上的融合程度从左到右依次递增。这种融合度等级在如下的横坐标上体现得更为明显:

$$\text{完3} \qquad \text{完2} \qquad \text{完1}$$
$$\xrightarrow{\hspace{8cm}}$$
$$\text{融合度从低到高}$$

二 历时角度的印证

这三类补语产生的年代顺序,也可以从一个侧面证明以上解释的合理性。因为产生得越早,使用的时间就越长,语法化的程度可能会越高,或许也可以说"一个动补结构出现的时间决定了它形态化的早晚。就一般情况而言,出现早的动补结构形态化的时间也早"(石毓智,2003)。梁银峰(2006)指出,语义指动型动补结构产生得最早,先秦时期就已经萌芽。语义指受型动补结构产生的时代次之,大约萌芽于六朝时期。语义指施型动补结构产生得最晚,大约在隋代以后。吴福祥(2006)对三类补语的产生顺序与梁银峰的观点相同,但各类补语的产生年代略有差别。吴认为语义指向动词的补语产生于汉代,语义指向受事的补语产生于南北朝,语义指向施事的始见于宋代。

20世纪60年代初期,朱德熙先生利用美国结构主义语言学派的分布分析(distributional analysis),把现代汉语的"的"按照副词性、形容词性、名词性语法单位的后附成分,依次分为"的1""的2"和"的3"(朱德熙,1961),20年之后朱先生从北京话、广州话、文水话和福州话4种方言出发,进一步非常成功地论证了北京话中三个"的"划分的合理性(朱德熙,1980)。

受朱德熙先生这一语法研究思想的启发,本章则尝试利用结构主义语言学的分布方法,按照语义指向的不同,对现代汉语的补语"完"进行内部划分:语义指向谓语动词的"完1",语义既指向谓语动词又指向受事宾语的"完2",以及语义指向非受事主语的"完3"。跟"的"的分布不同的是，补语"完"的分布主要体现在句法分布环境的不同上，如句子主宾语的有无、主宾语的语义类型以及谓语动词的语义特征这三个方面。跟朱先生的语法研究思想相似，李思旭（2010a、b）也从方言的角度间接论证了普通话三个"完"划分的合理性，那就是广东话的量化词缀"晒"也可以按照语义指向的不同，对其内部作进一步的划分：指向主语、指向谓语动词、指向直接宾语、指向介词间接宾语等（李宝伦，2007）。

词表：我们从杨庆蕙《现代汉语离合词用法词典》，共统计出能插入"完1"，表示活动或事件的"VO"动宾式离合词107个。

罢工	拜年	拜佛	拜师	拌嘴	办案	办公	帮忙	报案
报仇	报警	报名	报喜	备课	奔丧	比武	编号	表态
补课	擦背	猜拳	采矿	插花	插话	唱戏	吵架	成婚
吃饭	吃席	充电	抽签	锄地	吹风	吹牛	存款	打鼓
打架	打猎	打牌	打拳	打鱼	打仗	打字	盗墓	道歉
点名	订婚	斗嘴	读书	赌钱	躲债	发火	发球	发言
放哨	分赃	服役	复仇	告状	鼓掌	逛街	过节	过年
化妆	会餐	会客	加班	见面	讲话	讲课	结婚	结账
敬酒	鞠躬	开刀	开会	看病	理发	溜冰	念经	拍戏
跑步	铺床	撒娇	赛车	扫墓	上班	上课	上药	升旗
送礼	探亲	跳绳	跳舞	听课	问话	洗牌	洗手	洗澡
献花	献血	卸货	休假	许愿	演戏	验尸	照相	

第二章

补语"完"的有界化作用

大千世界是由千变万化的客观事物组成的。客观世界的事物大多是杂乱无章的，人们为了便于对事物的认识，就需要给它们进行分类，即范畴化。在语言中的反映就是对表示事物的名词，表示动作、行为、变化的动词和表示事物性质状态的形容词的"界性"进行分类。

第一节 "有界""无界"理论阐释

一 "有界"与"无界"

沈家煊（1995）在分析数量词对句法结构的制约时，吸取了国外语言学相关方面的研究和国内石毓智（1992）的研究成果，提出了"有界"（bounded）和"无界"（unbounded）两组基本对立的概念。即人们感知和认识事物，事物在空间上有"有界"和"无界"的对立：人们在感知和认识动作，动作在时间上有"有界"和"无界"的对立；人们在感知和认识性状，性状在"量"或程度上也有"有界"和"无界"的对立。

名词的"有界"和"无界"主要表现在能否受数量词修饰，可数名词可以直接受数量词修饰，不可数名词，如水，我们可以用名量词使其"有界"化，一杯水、一碗水、一桶水。形容词的"有界"和"无界"主要表现在状态形容词和性质形容词的对立上，前者是有界的，后者是无界的，表现为可以受程度词的修饰，如：有点热、很热、十分热、极其热。动作在时间上也有"有界"和"无界"之分。无界动作的内部是同质的（homogeneous），有界动作的内部是异质的（heterogenous）；无界动作具有伸缩性，有界动作没有伸缩性；有界动作具有可重复性，无界动作没有可重复性。

　　有界动作在时间上有一个起始点和一个终止点，无界动作则没有起始点和终止点，或只有起始点没有终止点。例如"我们跑到学校"这个动作，开始跑是动作的起点，到学校是动作的终止点，这个动作因此是一个"个体"动作或"有界"动作。相反"我很想家"这个动作，我们不能确定一个起始点和终止点，这个动作是一个"非个体"动作或"无界"动作。

　　一般来说，简单动词所表示的动作大都是无界的，如"送、打、飞、走、吃、写"等。复杂动词所表示的动作都是有界的，如"打破、洗完、走来、拿来、吃/写/看 + 了"等。由此可见，简单动词与复杂动词在界性方面存在着明显的差别。这是因为简单动词所表示的动作虽然有起始点，但没有一个内在的自然终止点，所以是无界的；而复杂动词所表示的动作在时间上不但有一个起始点，而且还有一个内在的自然终止点，所以是有界的。

二　"界性"的意象图示分析

　　下面制作了一个示意图，我们认为可以用它来帮助理解动作的"有界"和"无界"。

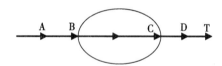

　　说明：图中椭圆代表了一个完整的事件①，T 代表时间轴，A、B、C、D 分别是时间轴的四个时间点。B 点是事件发生的起始点，C 点是事件结束的终止点，A 点是事件发生前的某一时刻，D 点是事件发生后的某一时刻。

　　如果从 A 点观察，事件处于未然态，标记词有：将要、就要、即将等，如：

---

　　① 沈家煊（1995）把有内在终止点的有界动词称为"事件"（event），把没有内在终止点的无界动词称作"活动"（activity）。Comrie（1976）区分了情状中的"事件"（event）和"过程"（process）：前者是把一个动态情状（dynamic situation）看成一个完整的整体，是"完整地"（perfectively）观察一个动态情状；后者则关注动态情状的内部构成，是"非完整地"（imperfectively）观察一个动态情状。

（1）他明年将要来上海。

·（2）就要期末考试了，你应该抓紧时间复习。

（3）台风即将北上影响上海，请有关单位做好防灾的准备。

从 B 点观察，事件处于起始态，词汇标记有：了 2、起来。如：

（4）外面下雨了。

（5）她一句话把屋子里的人都引得笑起来了。

（6）天气渐渐暖和起来了。

从 B、C 之间任意一点观察，事件则处于进行态或持续态，词汇标记有：在、（正）在……呢、着呢、下去。

（7）我（正）在做作业呢，不要打扰我。

（8）孩子在外面玩着呢，不要喊他。

（9）事实还不清楚，再讨论下去也没用。

从 C 点观察，事件处于终结态即完成态，词汇标记有：已经、了 1、过 1、完 1 等。

（10）已经两天没睡觉了。

（11）我在上海呆了 6 年。

（12）等我问过她再告诉你。

（13）我吃完晚饭去逛超市。

从 D 点观察，事件则处于已然态或经历态，词汇标记有：曾经、过 2、来着。

（14）我们曾经谈过这个问题。

（15）北京我五年前去过一次。

（16）我刚才听见你叔叔说你对得好对子，师父夸你来着。

结合上文沈先生对"界性"的分析，我们认为"有界"动作必须起始点 B 和终止点 C 同时具备。"无界"动作可以既没有 B 点也没有 C 点，也可以只有 B 点而没有 C 点，即"无界"动作不能有终止点。

三　"有界"与"离散"的共性

下面我们附带谈一下"有界"与"离散"的共性。石毓智（1992）把数学中的离散量和连续量运用到语言之中。整数都是离散量的，实数则是连续量的。相应的，数学也分为两大门类：离散数学和连续数学。集合论、数理逻辑、数论等以离散量作为变量的都属于离散数学；而数学分析、模糊数学、高等代数等以实数作为变量的都属于连续数学。关于离散量和连续量下文会详细论述，这里就不再赘述了。石认为典型的名词的抽象语义特征为"离散性"，即它们所代表的是在空间上有明确边界的一个一个的个体。典型的动词也具有"离散性"，即它们可以是时间轴上具有明确起始点的一个个行为、动作。但是跟名词相比，动词的离散性是不自主的，往往需要一定的语法手段来确定，常用的手段包括结果补语、体标记、时间词、数量词等。

对比上面"有界""无界"和"离散量""连续量"的说明。可以看出"有界化"与"离散化"名异实同。

第二节　动词有界化的手段及其完句作用

一　谓语动词有界化的手段

下面我们主要讨论谓语动词的有界化问题。所谓的谓语动词有界化，就是为一个行为、动作、变化等设立一个边界，即为其确定一个起始点和终止点，使其变成一个明确的单位（石毓智，2000）。谓语动词的有界化手段很多，主要有以下几种：

1. 结果补语、情态补语、趋向补语

（1）我读完了这本书。

（2）他累得满头大汗。

（3）一只鸟飞进屋里。

上面的结果补语"完",一方面从时间上说明动作"读"结束,另一方面说明这本书从第一页一直看到最后一页。情态补语"满头大汗"说明主语"累"的状态。趋向补语"进"说明鸟飞的方向,"屋里"是"飞进"的空间处所。它们的共同作用就是,从不同的方面对谓语动词所表示的动作进行有界化。

2. 体标记

(4) 我去过南京西路。

(5) 昨天我买了件衬衫。

以上的经历体标记"过"和完成体标记"了",都从时间上对动词"去""买"所表示的动作进行有界化。

3. 时间词

(6) 昨天我打了三个小时篮球。

(7) 电影已放映两个星期了。

"三个小时""两个星期"都从时间长短方面对动词"打""放映"所表示的动作进行有界化。

4. 动量词

(8) 他把情况向我们反映了一下。

(9) 那本书他看三遍了。

"一下""三遍"主要是从动作发生的次数方面,对动词"反映""看"所表示的动作进行有界化。

5. 重叠动词

(10) 把那本书给我看看。

(11) 这件事让我再考虑考虑。

重叠动词是从"时量短"或"动量小"(朱德熙,1982)的角度对

"看看""考虑考虑"进行有界化。

　　6. 介词结构

　　　　（12）把信放在抽屉里。
　　　　（13）我终于爬到了山顶。
　　　　（14）他把球传给了前锋。

　　处所短语"在抽屉里"是"放"的空间范围。"到了山顶"是动作"爬"的终点处所，"给了前锋"是动作"传"的对象。这三例分别从"空间范围""终点处所"和"对象"对动词所表示的动作进行了有界化。

　　英语谓语有界化的手段跟汉语略有差异，英语常用的手段有宾语有定化、单位提取、结果状态化、终点附加等（Talmy，2000）。例如：

　　　　（15）a. The boy ate the grapes in ten minutes.（有界，宾语有定化）

　　　　　　　b. The boy ate grapes for ten minutes.（无界，宾语无定化）

　　　　（16）a. Mary gave the door a knock.（有界，单位提取）

　　　　　　　b. Mary knock the door again and again.（无界，动作重复化）

　　　　（17）a. Tom hammered the metal flat in half an hour.（有界，结果状态化）

　　　　　　　b. Tom hammered the metal for half an hour.（无界，结果不明）

　　　　（18）a. John pushed the cart to the shed in five minutes.（有界，终点附加）

　　　　　　　b. John pushed the cart for five minutes.（无界，无终点）

　　以上的有界化成分在汉语的句法中起了非常重要的作用，它们中的很多都具有完句功能，下面我们尝试分析哪些有界化成分具有完句的功能。

　　二　有界成分的完句作用

　　关于完句成分，贺阳（1994）、孔令达（1994）、黄南松（1994）进行了讨论。其中最详细的是贺阳，他把完句成分分为语调和语气、否定、情态、意愿、时体、趋向、情状、程度、数量等九大范畴。我们认为其中的时体范畴、趋向范畴和数量范畴与我们上文所讨论的有界成分是相同的，这可以从贺文中的相关例子中看出来（以下 B 组例子引自贺文），如：

1. 时体范畴

A	B
*火车停。	火车停了下来。
*小赵喝酒。	小赵喝了两个小时酒。
*小王看《水浒传》。	小王看了三遍《水浒传》。

以上 A 组的句子都不合格，谓语动词后增加了"了1"和表示时体的趋向动词"下来"、时量补语"两个小时"、动量补语"三遍"后，成为合格的句子。

2. 趋向范畴

A	B
*老人站。	老人站了起来。
*园里跑三只羊。	园里跑出去三只羊。
*屋里飞一只鸟。	屋里飞进来一只鸟。

以上 A 组的句子不合格，谓语动词后增加了"了1"和趋向动词"起来"、趋向动词"出去"和数量短语"三只"、趋向动词"进来"后，成为合格的句子。

3. 情状补语

A	B
*小明冷。	小明冷得直哆嗦。
*王芳兴奋。	王芳兴奋得睡不着觉。
*老王跑。	老王跑得很轻松。

以上 A 组的句子不合格，谓语动词后增加了情状补语"直哆嗦""睡不着觉"和"很轻松"后，成为合格的句子。

4. 数量范畴

A	B
＊老王轻松。	老王轻松了一个月。
＊老王休息。	老王休息了三天。
＊他扫院子。	他扫了好几遍院子。

以上 A 组的句子不合格，谓语动词后增加了"了 1"和时量补语"一个月""三天""好"和动量补语"几遍"后，成为合格的句子。

此外，汉语中有些句式也要求句中的谓语动词必须是有界的，否则句子不成立，如：

1. "把"字句

语法学界已有定论的是："把"字句的谓语部分有特殊的要求，即谓语动词必须是动性很强的及物动词，并且谓语部分不能是光杆动词，否则句子不合格。如果从谓语动词的界性特征来说，即"把"字句的谓语动词必须是有界的。

（1）a. ＊我把书看。　　　b. 我把书看完了。
（2）a. ＊我把这个问题想。　　b. 我把这个问题想了一遍。
（3）a. ＊小王把头抬。　　　b. 小王把头抬了起来。

以上例（1）—（3）中的 a 句，谓语动词"看、想、抬"都是无界的，这些句子都是不合格的。b 句在 a 句的基础上分别添加了使谓语动词有界化的时体助词"了"和结果补语"完"、动量补语"一遍"、趋向补语"起来"，而成为合格的句子。

2. "被"字句

汉语中，"被"字句的谓语动词也必须是有界的，否则句子不成立。

（4）a. ＊她被雪滑。　　　b. 她被雪滑倒了。
（5）a. ＊他被门槛绊。　　　b. 他被门槛绊了一跤。
（6）a. ＊他被划船吸引。　　b. 他被划船吸引走了。

以上例（4）—（6）中的a句，谓语动词"滑、绊、吸引"都是无界的，这些句子都是不合格的。b句在a句的基础上分别添加了使谓语动词有界化的时体助词"了"和结果补语"倒"、动量补语"一跤"、趋向补语"走"，而成为合格的句子。

3. 重动句

重动句是指谓语动词后带有宾语，再重复动词带上补语的一种单句。重动句可以符号化为：SVOVC，其中S代表主语，前一个V代表原动词，后一个V代表重复动词，O代表宾语，C代表补语。V与O构成动宾短语，表示一个动作事件，V与C构成动补短语，表示前一个动作事件造成的后果或状况。重动句是一个事件分两次表述，前一次表述VO为第二次表述VC提供了背景，因而VO是VC的原因、方式和手段，VC是前景、目的和结果（李思旭，2008）。所以重动句中补语C是不能省略的，这从以下句子的对比中可以看出。

（7）a. ＊他喝酒喝。　　　b. 他喝酒喝醉了。
（8）a. ＊我写作业写。　　b. 我写作业写了十分钟。
（9）a. ＊我洗衣服洗。　　b. 我洗衣服洗得满头大汗。

以上例（7）—（9）中的a句，第二个动词缺少补语，这些句子都是不合格，b句在a句的基础上，分别补上了使第二个动词有界化的结果补语"醉"、时间补语"十分钟"、情态补语"满头大汗"，而成为合格的句子。

4. 话题句

汉语中的话题句可以分为句首的话题和后面的说明两个部分。话题是句子中的已知部分，后面的成分主要是对话题进行说明，即话题怎么样了，说明部分的谓语动词也必须是有界的。

（10）被子我叠好了。
（11）信我已经寄出去了。
（12）你的衣服我已经洗好了。

第三节　"完1""完2""完3"的有界化作用

前面分析过，动词有界化的手段有很多种，如：结果补语、体标记、时间词、数量短语等。动结式"V 单 + 完"中"完"是结果补语，表示其前动作的结束或完成。因此，它也就具有了使其前动词有界化的属性，是动词有界化的手段之一。

当然，"V 单 + 完"中的"完"与一般的结果补语有很大的不同，它的语义不仅仅只是指向动词，除了指向动词的"完 1"外，还有既指向动词又指向受事宾语的"完 2"，还有语义指向主语的"完 3"。下文将分别讨论使动词有界化的"完 1"、既使动词有界化又使名词（受事宾语）有界化的"完 2"、主语有界化的"完 3"。

一 "完 1"对"V 单"的有界化

补语的作用在于说明动作的结果或状态（朱德熙，1982）。由于补语"完 1"的语义指向动词，所以它的作用在于说明动作的结束或完成，是对动作从开始一直到结束的整体有界化。当然，它凸显的是动作的终结点。例如：

（1）二奶奶喝完酒，拿起了上衣。"孟先生，"她咯咯笑着，"您真随和。"她对剧作家产生了好感。不过她还是没叫秀莲出来听课。（老舍《鼓书艺人》）

（2）唱完歌，她随着渐渐平息的掌声下了舞台，走进侧面一个房间。她刚坐在椅子上，忽然看见从迎面的小门里走进来一个男人。（《读者》）

（3）看到这一点，我更加明确，读完书就回来，希望若干年后，当我回顾自己的电视人生涯时，能够说一句。（陆梅《杨澜的最新故事》）

以上三例中的"完"分别是动词"喝""唱""读"的结果补语，分别说明"喝酒""唱歌""读书"这三个动作的结束或完成，其中的"完"只在时间上对动词"喝""唱""读"进行有界化，与受事宾语"酒""歌""书"不发生直接关系。类似的例句还有：

（4）像我认得一个年轻人，在家里面吃完午饭以后家里堆了一堆碗，他要去洗碗，他没洗碗之前，他吃完饭去刷牙，刷牙不错这是一个好习惯，可是他的爱人一看，啊呀！（百家讲坛《说话的艺术》）

（5）"你得赏我这老脸呀！太君，天冷大大的！"老张指着在寒风里飞舞的大雪说，"喝一点暖和，喝完酒再去，走吧！"（《铁道游击队》）

（6）一天，我们俩唱完歌立即背起书包上学，走到楼下看见一个骑自行车的人还在路旁的树荫下往上看，还有两个披雪挂雾似的粮店营业员也抻着脖子往上看。（《读者》）

二　"完2"对"V单"及"宾语"的双重有界化

由于补语"完2"的语义指向是双重的，既指向动词，义指向受事宾语，所以它在有界化方面的作用也是双重的：一方面在时间上对其前的动词进行有界化；另一方面在数量上对其后的受事宾语名词进行有界化。例如：

（1）据美联社报道，人类首位登上月球的宇航员尼尔·阿姆斯特朗8月25日走完了82岁的人生旅途。（《人民日报》1995年）

（2）她坚持做完了所有要做的事，然后才回家。

（3）摄影记者们拍完了薛瑞红的镜头，也纷纷收摊。（《人民日报》1995年）

以上三例中的"完2"，都在时间上对前面的动作有界化，即分别对动词"走""做""拍"进行有界化。这与"了1""过1"的有界化作用相同（详细分析见第三章第二节），但不同的是，体标记"了1""过1"有界化的只是动词，而"完2"有界化的不仅仅是动词。由于"完2"的语义除了指向谓语动词之外，还指向其后的受事宾语，所以它还在数量上对受事宾语进行有界化。当然它有界化的不是受事宾语的一部分，而是把受事宾语作为一个整体进行有界化（或"全称量化"），如例（1）有界化的是"82岁的人生旅途"，即他可能只活了82岁。例（2）有界化的是"所有要做的事"，即"所有要做的事"都做了。例（3）有界化的是"薛瑞红的镜头"，即所有关于"薛瑞红的镜头"都拍了。

从前面的分析可知，"了1"能使其前的动词有界化，那么例（1）、（2）、（3）中，"完2"的后面都有"了1"，它与"完2"的作用相同，是不是多余的呢？答案当然是否定的，"了1"在这里的作用主要是对前面已经有界化的动补结构的"界性"进行再一次的强化。这里顺便反驳一种观点，那就是 Tenny（1987；1994）提出的"事件单一界化限制（Single Delimiting Constraint）"论断，即"一个事件最多只能被界化一次"，映射到语言上就是"一个动词短语最多只能被界化一次"（Tenny 1987：78）。但是通过例句可以看出，"完2"和"了1"同时对谓语核心动词进行界化，即汉语有些谓语核心动词允许有界化两次，如第三章过完、过了，因而 Tenny 提出的"事件单一界化限制"在汉语中是不成立的。

此外，如果"完2"对受事宾语不是整体有界化或完全有界化（或全称量化）而只是部分有界化（或部分量化），那该怎么办呢？我们认为主要有以下 5 种表达方式：1）在受事宾语后面加数量短语，如 A 组的"一半""五章""前八十回"，来限定受事宾语的范围。2）在 A 组的基础上，把做修饰语的领属性成分，即 A 组的"作业""这本书""《红楼梦》"，分裂（cleft）前移到句首做主话题，然后在"完2"后面加上数量补语，如 B 组的"一半""五章""前八十回"。这些数量词语虽然处在补语的位置上，但其语义还是指向句首的主话题（即原来 A 组中的领属性成分）的，对主话题起修饰限制作用。

A	B
我做完数学作业的一半了。	→数学作业我做完一半了。
我已读完了这本书的五章了。	→这本书我已读完五章了。
她刚看完《红楼梦》的前八十回。	→《红楼梦》她刚看完前八十回。

当然，还有一种方式来表达"完2"对受事宾语的部分有界化。这种方式与 B 组的变换有相似之处，那就是：3）把受事宾语"作业""这本书""《红楼梦》"移到主语和谓语之间，担任次话题，再加上数量补语"一半""五章""前八十回"，如 C 组。

A	C
我做完数学作业的一半了。	→ 我数学作业做完一半了。
我已读完了这本书的五章了。	→ 这本书已读完五章了。

她刚看完《红楼梦》的前八十回。→ 她《红楼梦》刚看完前八十回。

此外，还可以利用4)"被"字句和5)"把"字句。在B组基础之上，在前加"被"字，这样就由B组的主话题句变为D组的"被"字句。

B		D
数学作业我做完一半了。	→	数学作业被我做完一半了。
这本书我已读完五章了。	→	这本书已被我读完五章了。
《红楼梦》她刚看完前八十回。	→	《红楼梦》刚被她看完前八十回。

在C组次话题前加上"把"字，这样就由C组的次话题句变为E组的"把"字句。

C		E
我数学作业做完一半了。	→	我把数学作业做完一半了。
我这本书已读完五章了。	→	我已把这本书读完五章了。
她《红楼梦》刚看完前八十回。	→	她刚把《红楼梦》看完前八十回。

"完2"还有一个特征，就是使有物理外形的物体发生形体消失，如例（4），这与"完1"例（5）的对比中可以看出，如：

（4）我刚吃完一块面包。
（5）我刚打完篮球。

三 "完3"对主语的有界化

由于"完3"的语义指向主语，所以它的作用主要就是在数量上对主语进行有界化，例如：

（1）"几百年的老房子了，快要塌完了，你们再来时恐怕就看不到了。"在一座老房子的墙根晒太阳的一位老人惋惜地说。（《经济视点报》2007年）

（2）那些武警战士和消防官兵，那个楼还没有塌完，他们继续在冲，这个时候我哭了。真的，我们有这样的部队还有什么可说的？（湖南卫视《背后的故事》）

（3）国内因为丢了QQ密码和邮箱密码在网络上哭来喊去的不是少数，甚至有人因为邮件垃圾问题要求全球范围停止邮件服务。不过这个热闹劲儿都赶不上9·11。世贸大楼在电视上还没有塌完呢，就有人跳出来说自己公司采用了远程数据同步备份，楼塌人毁重要数据不丢。立马数据安全就成了全球热点。（《新软件主旋律》2003年）

（4）我参军的头一年夏天吧，因天气太热，队里的几头耕牛快死完了。当天走了四十多公里山路后，小青年说："邓队长，这里离达县还有小三百里路，明天无论如何走不动了，还是去买张车票吧。反正是生产队出钱！"（《读者》）

（5）现在志摩是死了，但是他的诗文是不死的，他的音容笑貌可也是不死的，除非要等到认识他的人老老少少一个个都死完的时候为止。（郁达夫《志摩在回忆里》）

例（1）中的主语"房子"倾向于看成是由"屋顶、四面墙、门、窗户"等构成的一间房子，那么"完"对房子的有界化，也就是对房子所有组成部分的整体有界化。当然，例（1）也可以理解为由连接在一起的几间房子所构成的一栋房子。例（2）、（3）与例（1）的理解方式相似，由于都是楼的倒塌，所以可以按照内部的楼层来把整栋楼切割成许多部分。例（4）中的"耕牛"表示复数，因为前面有限制范围的"队里"和数量词"几头"来修饰。例（5）中"认识他的人"也表示复数，因为后面有"老老少少""一个个"来补充说明。

上面例句中所讨论的"完"都是非瞬间的，即句中有词语"快要、还没有、快、等到"暗示了动作是持续的。下面我们讨论"完"既可以是瞬间的也可以有持续过程，如"池塘里的鱼死完了"就属于这种情况。它可以有两种解读方式（李思旭，2010a）：1）按照上文的分析，这里的"完"表示主语参与动作的范围，与"全、都"的意思相同，这种理解方式不强调塘里鱼死的时间性（过程性），即鱼在瞬间全部死亡（如图1所示），这时的"完"只起到全称量化的作用。2）如果鱼不是在瞬间同时死亡，而是一条接一条地死去，那么池塘里所有的鱼（假如总共50条）都死去就需要一个时间段（过程性），比如可以添加时间副词如"渐渐、逐渐"等渐变类时间副词，如"池塘里的鱼渐渐/逐渐死完了"。这时的"完"也表示动作在时间上的终结，就有了从"部分量化"到"全称量化"的过程。即鱼一条接着一条地死去，随着时间的进展，数量的不断增加，由部分量化达到全称量化，最终池塘里50条鱼都死了。其认知图示如图2所示（为了更有力地说明问题，我们把鱼死亡的时间间隔扩大了）。

	死了5条　死了10条　死了15条 …… 死了50条
· · 死完 （死了50条）	───────── 死完 死完

图1　　　　　　　　　　　　图2

按照上面图2的认知方式来解读"死完"，则其中已蕴含着一种预设量（presupposition quantity），当达到这一预设量时，就可以说"死完了"，没有达到时只能说"死了"，不能说"死完了"。这种预设量在动结式"V满"中体现得更加明显，如商场促销时的广告语"买满200元送50元"，饭馆的促销广告语"吃满100元送20元"。除了这些明显有数量词之外，在一些蕴含时间长度的名词中也有预设量的存在，如例（6）、（7）、（8）。

（6）她没读完小学就去上海打工了。

（7）银行定期存款存满规定期限才能提取。

（8）服满军役，他被安排到了一家公司工作。

动结式"V齐、V全、V够"中也都蕴含预设量的存在，只有达到了预设量我们才能用这些动结式，如例（9）—（14）。

（9）据他了解，全国还没有一家博物馆或个人将这套画册收齐，最多的也只收集六七本，在闽侯一下子能发现28册，实属罕见。（新华社2004年新闻稿）

（10）书店要求学生必须买齐17种辅导材料，否则不卖给课本。

（《人民日报》1993 年）

（11）说它有趣，画片的图案大多为《三国演义》《水浒传》上的人物，画得极细致，很见功力、无论人物、刀马、服饰、景物都非常耐看。说它单调，画片的种类很少，仅仅是那几类，收藏一段时间准定能买全了。（《市场报》1994 年）

（12）像上海良友图书公司赵家璧先生主编的《中国新文学大系》十卷精装影印本，就是逛了多家书店的书库之后，"无心插柳"式的零星买全的。（《人民日报》1993 年）

（13）当他们攒够了 100 万日元的时候，就开始给两位老人办来日本的手续了。（《作家文摘》1997 年）

（14）不久，听说女儿为买一套《傅雷译文集》而省早点钱，积攒数月还没攒够，就到处奔走，四处托人，最后在一家饭馆找到了一份洗菜刷碗的活。（《报刊精选》1994 年）

把单数名词作为一个可分割的整体的合理性，我们在范围副词"全""都"的使用上找到了证据（以下分别参见周国光，2003；董为光，2003；陆俭明，2004），或许也可以这样说，"完 3"和范围副词"全""都"有相同的功能①：

---

① 关于"全、都"的特殊用法，张谊生（2003）解释得非常合理。他在讨论范围副词"都"对 NP 的量化时指出，"都"的量化过程能否实现取决于 VP 与 NP 相结合的整个事件的语义性质：当 VP 与 NP 组合后不能持续或重复时，VP 只能表示全称量化，其 NP 就必须是复数形式，如"＊那个字我都看了/那些字我都看了""＊那粒药我都吃了/那些药我都吃了"。当句中的 VP 与 NP 组合后可以持续或重复时，其 NP 可以是复数式，也可以是单数式。复数式是对多个 NP 加以全称量化，如"这几本书我都买了""那几个苹果他都扔了"。单数式是对单个 NP 加以分化以后多次量化（即动作重复多次），如"这本书我都看了""那个苹果他都吃了"。

以上的分析也间接体现了我们对"完 3"主语解释的合理性。按照与"都"的类推，也可以说"完 3"也是对主语的"全称量化"。此外，补语"光、净、尽"，还有语义指向处所的"遍、满"，它们也可以对"主语"进行全称量化。这就引出了一个非常有意思的问题，句法位置在动词前的副词"全、都"为什么会与句法位置在动词后的补语"完 3、光、净、尽、遍、满"，具有相同的功能，即都是对主语进行全称量化，这是一个值得深入研究的课题。

在东方语言学网站（www. eastling. org）上讨论时，陆丙甫教授（2007 年 11 月 13 日）发帖对以上问题作出了合理的解释。陆老师认为这是因为同一种句法功能可以用不同的结构编码（coding）形式来实现，并认为这正是当代语言学中一个主要的内容。

（15）北京我全去过了。

（16）我把那个馒头都吃了。

（17）a. 这个苹果他都吃了。

　　　b.（你看那虫多厉害，）这个樱桃它都吃了。

例（15）缺少"全"可以指向的成分，所以是一个有疑问的句子。只有一种意义上，它才能成立，即把"北京"作为一个整体，这个整体由天安门、故宫、人民大会堂、奥运村、颐和园、北大、清华……部分组成。在这个意义上，"全"在语义上指向"北京"，其总括的对象就是这些组成部分。

例（16）中，受动的"馒头"是"都"之前的复数主体，施动者"我"作为关涉事物倒是单数。"馒头"并非"天然"地分为若干不同部分，只是说话人觉得他一口一口地吃，馒头越来越小，所以在心理上，他只能将"吃馒头"的过程"逐次"分开来看待：从"吃了一点馒头"，"吃了一半馒头"，一直到"把那个馒头都吃了"。

例（17）a 之所以是合法的句子，因为人吃苹果一般不是把整个苹果一口吞下的，而是一口一口吃的，这就意味着，对"吃"这个动作而言，"这个苹果"就成为可被分割的整体。例（17）b 也是合法的，因为对虫而言，即使是一颗小小的樱桃，也只能一口一口吃。而袁毓林（2005）在解释"那本书他都看完了"，也跟上面有相似的分析。他认为"那本书"在形式上是单数性的成分，但在语义上是复数性的，因为对于"读"这种行为来说，它可以有多个部分构成的整体这种部分解读（partitive reading）。

以上讨论的主语在数量上的单复数会直接影响到对其内容的解读，具有跨语言的普遍性，在日语中就有相似的体现（Sauerland & Kazuko 2004）。以下的 a 句就可以有两种解读方式：一种是把书看成是单数，句子的意思是指看完了这本书的大部分内容（most content of the book），跟汉语的句子"这本书我看了一点"相似；另一种解读是把书看成是复数，只看了几本书中的大部分，跟汉语的句子"这些书我看了一点"相似。与 a 句相反，b 句只有一种解读方式，即把书看成是复数，看了几本书中的大部分。

（18）a. John-wa　　　hon-no　　　hotondo-o　　　yomi-oeta.

约翰—话题　书—属格　大部分—宾格　　读—完成

John has finished reading most of the book（s）.

b. John-wa　　　　hotondo-no　　　　hon-o　　　　yomi-oeta.

约翰—话题　三—复数—属格　书—宾格　　读—完成

John has finished reading most of the books.

由于"完 3"与范围副词"全""都"意思相同，所以作状语的"全""都"和作补语的"完 3"可以只出现一个，如：

（19）两人放心出洞，知道毒虫野兽都死完了，家畜并没有损失多少。（钱钟书《上帝的梦》）

→ 两人放心出洞，知道毒虫野兽都死了，家畜并没有损失多少。

→ 两人放心出洞，知道毒虫野兽死完了，家畜并没有损失多少。

还有些句子是"完 3"与"全""都"都同时共现，例如：

（20）想想看，唐山海城大地震都是 7 级多，房子全都塌完了。

（21）我想如果再有几年不修补房屋的话，纪念馆的房屋肯定全都要垮完，真希望能早点重新修好。

（22）国有企业都这样的话，最后只有全都垮完的。不要仗着你是国企，就这么嚣张。

（23）煤矿塌陷的土地已达 13 万亩，徐州煤矿达 8 万亩，淮北煤矿 5.7 万亩，预计淮北煤矿今后还要塌陷 12 万亩，许多村庄可能出现农田全都塌完，变成无地可耕、无处迁村的局面。

（24）开滦煤矿塌陷的土地已达 13 万亩，预计淮北煤矿今后还要塌陷 12 万亩，许多村庄可能出现农田全都塌完，变成无地可耕、无处迁村的局面。

四　"有指""无指"对宾语的"界性"影响

陈平（1987）指出，如果一个名词性成分的表现对象是说话中的某个实体（entity），则该成分就是有指成分（referential）；反之，如果发话人在提到某个名词时，仅仅是着眼于该名词的抽象属性，而不是具体语境中具有该属性的某个具体的人和事物，那么这一名词性成分就是无指成分（nonreferential）。陈平把汉语中与名词指称性质相关的主要词汇形式分为以下七种：

A 组　人称代词	E 组　数词 + （量词） + 名词
B 组　专有名词	F 组　"一" + （量词） + 名词
C 组 "这/那" + （量） + 名词	G 组　量词 + 名词
D 组　光杆普通名词（bare noun）	

其中前三组（即 A、B、C 三组）格式是 "定指" 成分，后四组（即 D、E、F、G 四组）格式是 "不定指" 成分。只有 D 组的光杆普通名词（bare noun）可以充当以下所谓 "短语动词" 的动名组合中的名词性成分。

读书　吵架　打仗　谢幕　打牌　洗澡　捕鱼　酗酒　告状
抽烟

这类动名组合语义单一，名词性成分不代表预料中任何一个具体事物，而只是作为补充动词语义的外延成分进入组合。

A	B	C
读书	读完书	读完一本书
开会	开完会	开完一次会
喝茶	喝完茶	喝完一壶茶

A 组与上面所说的 "短语动词" 是相同的，其中的名词性成分 "书、会、茶" 作为单个词语使用时都是可数的，但是用在动宾结构中的时候却是 "无指" 成分。作为 "无指" 成分，这些名词在这些动宾结构里并不指示具体的单个实物。B 组是 A 组在动名之间插入 "完" 构成的，B 组中的 "书、会、茶" 还是 "无指" 成分。"无指" 成分的名词违背了可以称数这一名词的 "有界" 判定标准，因而是无界名词。作为有界成

分的补语"完"无法对无界名词进行有界化，当然它的语义也就不可能指向它。

C 组是在 B 组的名词前加上数量词语①，这样名词就由"无指"成分变为"单指"成分②，即所指的是某一类中的个体（individual）。那么，"完"后的成分就分别从 A 组、B 组的无指成分变为 C 组的单指成分，即从"非某个实体（entity）"变为"某一类中的个体（individual）"。"完"后的名词性成分也就从"无界"变为"有界"。当然，"完"就可以对这些名词性成分进行有界化，"完"的语义也可以指向它们。

那么造成"完1""完2""完3"有界化差异的原因是什么呢？我们认为这与它们后面所接宾语的语义指称有关，即宾语是有指的还是无指的。上文例子中"完1"后接的"酒、歌、书"都是无指名词，因而是无界名词，这样"完1"就无法对其有界化。"完2"后接的都是定指的名词性短语，名词前都有修饰限定成分，如"82 岁的""所有要做的""薛瑞红的"，其所指范围是明确的，因而是有界名词，所以"完2"可以对其进行整体有界化。"完3"所在句子的句首名词虽然没有修饰限定词语，但汉语的句首光杆名词都是有定的，因而是有界的，也可以说它的范围是确定的，所以"完3"可以对其进行有界化。

岳利民（2005）在分析多义动结式时，也谈到了补语"完"的语义指向问题。例如（我们对例句作了进一步的补充完善）：

（1）胡新民也很快回了电话，他说那家伙刚刚在饭馆吃完饭，正在结账。（海岩《永不瞑目》）

（2）有时，我们喝完咖啡很兴奋，坐在灯下彻夜长谈。我也问晶晶："我什么地方，嗯，吸引了你，让你这么喜欢？"（王朔《浮出

---

① 古川裕（2001）把数量词的功能分为"计数功能""分类功能"和"个体化功能"三种。所谓的个体化功能（individualizer），是指光杆名词指称非个体性的无界事物，带有数量词定语的有标记名词指称有界事物。这与我们下文对 C 组的分析是一致的。

② 史有为（1997）将动宾组合表示的事件分为"事类"和"事例"。"事类"不表示某一具体事件，而是许许多多同类事件的统称或合称，它通常由动词和名词直接组合形成的动宾短语表示，如"盖房子"。"事例"是具体的事件，它通常由动词跟数量名词短语组合形成的动宾短语表示，如"吃半碗饭""吃一顿饭""吃两个小时饭"。史有为的"事类"与陈平（1987）的"无指"相似，"事例"则与"单指"相似。

海面》)

（3）"我没有意见，这是你的家，我没资格有意见。"她有点狼狈，不知该说什么，剩下的饭也没有心情吃完。（海岩《永不瞑目》)

（4）他们又干了一杯，喝完了一瓶红酒，石邑开了一瓶白酒。（王朔《永失我爱》)

他认为，当"完"语义指向述语中心时，如例（1）、（2），"完"表示动作过程的结束。当"完"指向受事成分时，如例（3）、（4），"完"表示某物消耗尽了，没有剩余。

当然，作者的分析是有道理的。可惜的是，作者对这一有趣的现象只是作了简单的描述，并没有展开详细的分析和解释。比如我们感兴趣的是，同样是"吃完""喝完"为什么在例（1）、（2）中，其语义指向述语动词，而在例（3）、（4）中其语义却指向了受事成分，这个问题作者在文中没有回答。

下面我们将利用"无指""有指"对名词的"有界""无界"的影响，对此作出了合理的解释。根据上面的分析也可以看出，例（1）、（2）中的"饭"和"咖啡"都是无指成分，补语"完"无法对其进行有界化，所以"完"的语义不能指向它们。例（3）、（4）中的"饭"和"红酒"前面分别有定语修饰成分"剩下的"和"一瓶"，这样它们就从无指成分变成了单指成分，所以"完"可以指向它们，并对其进行有界化。

自从沈家煊（1995）提出了"有界""无界"理论之后，对此理论加以应用、完善或发展的很少，只有徐通锵（1997）、石毓智（2000）、古川裕（2001）、沈家煊（2004）、陈忠（2006）等。为了能够进一步加深我们对动词"有界""无界"理论的理解，拓展其应用领域。

本章就专门讨论了与之相关的一些问题：为了更加形象地理解动词的"有界""无界"，我们绘制了一个示意图，并结合相关标记词和例句进行了详细的分析；在已有研究基础之上，我们讨论了"了1""过1"的有界化作用；我们尝试拓展动词"有界""无界"的应用领域，即尝试把"有界""无界"理论与补语的语义指向相结合，即补语"完"的语义指向哪一个句法成分，就对哪一个句法成分进行有界化；最后讨论了宾语的语义指称，即"有指""无指"对补语"完2"的语义指向及其有界化作用的影响。

附注：语义指向主语的"完3"的例句：

1. 死完

（1）两人放心出洞，知道毒虫野兽都死完了，家畜并没有损失多少。他们兴高采烈，把打死的老虎等开剥，从此他们洞里有皮毯子，女人有了皮大氅，男人有几天新鲜野味吃。（钱钟书《上帝的梦》）

（2）我参军的头一年夏天吧，因天气太热，队里的几头耕牛快死完了。当天走了四十多公里山路后，小青年说："邓队长，这里离达县还有小三百里路，明天无论如何走不动了，还是去买张车票吧。反正是生产队出钱！"（《读者》）

（3）现在志摩是死了，但是他的诗文是不死的，他的音容笑貌可也是不死的，除非要等到认识他的人老老少少一个个都死完的时候为止。（郁达夫《志摩在回忆里》）

（4）住在河边的农妇牛凤琴把宋健让到自家院内："我家原先守着这条河，里面有鱼有虾，我们还养了不少鸭子，也就是四五年工夫，水越变越黑，鱼、鸭子都死完了。"（《报刊精选》1994年）

（5）记得他们夫妇听罢长叹一声，说：老一代快死完了，年轻的一代就更不能理解了。我知道我的回答让他们感到悲哀，可也无话可说，因为我并不知道他们想得到的是什么答案，又为什么感到悲哀。（报刊《读书》）

（6）"大官大贪，小官小贪，贪到结果，百姓死完；你做你捞，我做我捞，捞到临了，地无寸草……"（《读者》）

（7）你们来了我高兴，我娘家人都死完了，我把你家当娘家走，好吧？玉儿妈忙说：好！咋不好呢！（戴厚英《流泪的淮河》）

2. 走完

（1）我在莫高窟一连待了好几天。第一天入暮，游客都已走完了，我沿着莫高窟的山脚来回徘徊。试着想把白天观看的感受在心头整理一下，很难；只得一次次对着这堵山坡傻想，它究竟是个什么样的存在？（余秋雨《莫高窟》）

（2）旅客一个个走完了，仍未见到张国焘。李克农双眉紧锁。这其中一定有鬼，张国焘不可能在自己的眼皮底下溜走！莫非他还在

车上没有下来?（方可《中共情报首脑李克农》）

（3）天亮的时候，我们也明知道那班人走完了，却还都不敢爬出房门，一直等到老板亲自跑来叫我们吃早饭。（叶紫《行军掉队记》）

（4）宋惠珊每天去敲门，都没等到。星期六，宋惠珊提前下班，坐在设计院传达室里等。一直到办公楼里的人快走完了，宋惠珊才堵到华青。（陆星儿《一个和一个》）

（5）孙权派人把鲁肃请了来，两个人一见面，就谈得挺对劲儿。有一次，孙权会见宾客，等别人走完了，把鲁肃单独留下来谈心。（《上下五千年》）

（6）我大半生都是这样。尤其在进入老年以后的这三十年来，当客人走完了，家里的人都睡了，我常常喜欢在晚上，坐在书斋里，一个人静静地思考人生。（《读者》）

（7）田贵急急忙忙到赵明福家去，路上，共产党员三三两两地走过去，田贵不敢光明磊落地露面，就隐在一棵槐树的暗影里，等人走完了，才迅速地闪进赵明福家去了。（刘绍棠《运河的桨声》）

3. 烂完

（1）1990年冬天的一个晚上，在张集、香泉乡忙于工作已二十多天没回家的林晓东匆匆赶回家，憔悴不堪的妻子眼泪像断了线的珠子滚落下来："你心里还有这个家吗？你买的蔬菜放在冰箱里，因停电不到五天就烂完了，我娘俩天天吃萝卜干，米也断了两天。"（《人民日报》1996年）

（2）他心急如焚说："这几天再卖不出去，瓜就全烂完了。"（《人民日报》1993年）

（3）有些地主，明知他们的日子不会再来了，却敌视穷人，宁可把财富扔在地下，沤坏，霉掉，烂完，也不交出来。（周立波《暴风骤雨》）

（4）天佑太太虽然身体好了一点，可是无事可做。晒菠菜吗？连每天吃的菠菜还买不到呢，还买大批的晒起来？城门三天一关，两天一闭，青菜不能天天入城。赶到一防疫，在城门上，连茄子倭瓜都被洒上石灰水，一会儿就烂完。（老舍《四世同堂》）

4. 塌完

（1）那些武警战士和消防官兵，那个楼还没有塌完，他们继续在冲，这个时候我哭了。真的，我们有这样的部队，还有什么可说的？（湖南卫视《背后的故事》）

（2）国内因为丢了QQ密码和邮箱密码在网络上哭来喊去的不是少数，甚至有人因为邮件垃圾问题要求全球范围停止邮件服务。不过这个热闹劲儿都赶不上9·11。世贸大楼在电视上还没有塌完呢，就有人跳出来说自己公司采用了远程数据同步备份，楼塌人毁重要数据不丢。立马数据安全就成了全球热点。（《新软件主旋律》2003年）

（3）那富丽堂皇的大门已经不见了，变成一片废墟，只剩下一个未塌完的围墙。城墙塌落下来砸到我的右臂上，我没有躲避，也没觉得疼。直到城墙塌完。

5. 垮完

（1）我想如果再有几年不修补房屋的话，纪念馆的房屋肯定全部都要垮完，真希望能早点重新修好。

（2）躬身缩背往后退，想一走了之。情绪能传染人，前面的往后退，后面的就要散，不赶快稳住，一二百人的大棚，顷刻就垮完。

（3）我所来到的这座城市是一个全国都有名的"企业基本垮完，职工四处请愿，财政捉襟见肘，农村荒凉一片"的地方。

（4）目前桥左侧条石护栏几乎全部垮完，桥北主桥墩已严重倾斜变形。几块爆裂脱落于地上的条石，使主桥墩出现两个大窟窿，桥墩上最大的裂缝足有20余厘米宽。

（5）国有企业都这样的话，最后只有全部垮完的，不要仗着你是国企，就这么嚣张。

第三章

补语"完1"与"了1""过1"功能同一性

第一节 "了1""过1"新释

一 "了1"的双重作用

吕叔湘主编的《现代汉语八百词》把动态助词"了"分为两个:"了1"用在动词后,主要表示动作的完成;"了2"用在句末,肯定事态出现了变化或即将出现变化,有完句的作用。

刘勋宁(1988)认为,"了1"只表示行为动作的"实现",而不表示《八百词》所谓的"完成",用"完成体"来说明"了1"的语法意义,在许多情况下是讲不通的;"了1"所表现出来的"完成"只是某种条件下的偶发现象,而不是它本身固有的语义特征。词尾"了1"应当看作"动作实现体"的标记,它的语法意义是表明动词、形容词和其他谓词形式的词义所指处于事实的状态下,词尾"了"的语法意义是实现体,并不是完成体。

陈忠(2006)在评价刘勋宁时说,用"实现说"来修补"完成说"所缺少的另一个界限——起始点。与凸显"完成说"相比,"实现说"的进步之处是把"了"的辖域从终点扩展到了起始点。

上面刘勋宁和陈忠关于"了1"有"开始"和"结束"两种语法意义的观点是很有见地的。下面结合意象图式(参照杨永龙,2001),来对"了1"的这两种语法意义进行分析。

"了1"凸显"起始"作用可用如下的图式来表示。

以下例句中的"了1"都起"凸显"作用:

(1)好不容易当了兵。

(2)忙了就来找你。

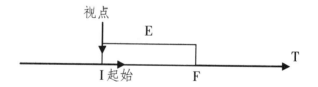

说明：图中 T 代表时间轴；E 代表事件，图示为 ☐，I 代表事件的起点，F 代表事件的终止点，下指箭头指向观察点。

（3）吃了才觉着有点儿香味。

（4）见了他还真有点害怕呢。

上面的"了"一方面表示动作的"起始"，另一方面也间接反映了状态发生了变化，如：

非兵 → 兵　　不忙 → 忙

没吃 → 吃　　没见 → 见

上面例句中的"了"并不是表示动作的完成，动作的状态发生变化以后，进入了一个新的状态［也就是张黎（2003、2010）所说的"界变"论］，而且这个状态一般都是能够持续一段时间的，即不是瞬间结束的。如"当兵"至少是几个月，"忙"至少是一两天，"有味"也必须是在"吃"以后才能感觉出来，有意去"见"某人，也不可能是瞬时的。

"了1"的"起始"义，也可以在它和表达起始态标记"起来"的搭配上体现出来。如：

（5）她的脸一下子红了起来。

（6）天气渐渐地热了起来。

（7）他们俩吵了起来。

（8）他也跑了起来。

前两例是形容词加上起始态标记词"起来"，后两例是动词加上起始态标记词"起来"，它们之间有什么差别呢？李临定（1990）认为，形容词后边加上"起来"和动词后边加上"起来"的含义是不同的:前者或者表示正在变化的过程,或者表示已经达到的程度;后者只是表示动作的开始。我们非常赞同李先生的观点,前两例之所以能跟"起来"搭配,是因为"红""热"都是性质形容词,它们所表现的性状特征在程度强弱之间允许有一定的变化幅度(即"量幅"),也就是说它们都含有程度量,因而可以用程度副词来修饰,如:

有点红→ 很红→ 十分红→ 非常红→ 最红

有点热→ 很热→ 十分热→ 非常热→ 最热

后两例动词加"起来"表示动作的开始,并且不断持续下去。当然这里主要指的是动作的时间性。而形容词加"起来"主要指随着时间的推移形容词表示的程度量不断增加。

"了 1"的另外一个作用就是凸显"终结",其意象图式可以表示为:

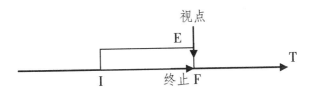

（9）这本书我看了一半。

（10）昨晚下了一场雨。

（11）刚刚结束了一场战斗。

（12）我洗了一件衣服。

（13）我向外望了一眼。

以上例子中的"了"都表示一个动作或事件的完成或终结。

上面结合意象图式,分别讨论了"了 1"的双重作用——凸显"起始点"和凸显"终止点"。下面就来看对于同一个句子,由于"了"的凸显"起始点"和"终止点"的不同而造成的歧义:

（14） a. 火车开了。

      b. 鸟儿飞了。

如果凸显的是起始点，则 a 句就表示"火车开始启动了"；如果凸显的是终止点，则 a 句就表示"火车已经开走了"。同理，如果凸显的是起始点，则 b 句就表示"鸟儿开始飞"。如果凸显的是终止点，则 b 句就表示"鸟儿飞走了，已经不在这儿了"。

综合以上的分析，我们认为"了1"所表示的事件，有两种观察方法：内部观察法和外部观察法（戴耀晶，1997）。所谓的内部观察法，是指句子表达一个非完整的可分割的事件，即事件内部可以分为起始、持续和结束三个阶段。凸显动作起始的"了1"，其采用的观察方法是内部观察法，这时"了1"所在句子表达的事件是非完整的（即"无界"的）。所谓的外部观察法，是指句子表达一个完整的不可分割的事件。凸显动作终结的"了1"，采用的观察方法就是外部观察法，这时"了1"所在句子表达的事件是完整的（即"有界"的）。

二 "过1"是补语动词

《现代汉语八百词》把"过"分为一般动词的"过"，如"过年、过节"，趋向动词的"过"，如"过河、过桥"和动态助词的"过"。而动态助词的"过"又分为三种情况。

第一种是用在动词后，表示动作的完毕。如：

（1）吃过饭再回去。
（2）赶到那儿，第一场已经演过了。
（3）等我问过他再告诉你。

第二种是用在动词后，表示过去曾经有这样的事情。如：

（4）这本小说我看过。
（5）去北京的事他跟我提起过。

第三种是形容词带"过"。如：

（6）他小时候胖过。
（7）前几天冷过一阵。

孔令达（1986）把现代汉语中的动态助词"过"分为表示动作完毕的"过1"，如"赶到那儿，第一场已经演过了"，和表示过去曾经有这样的事件的"过2"，如"我去过不少地方，就是没有到过桂林"。

上面吕、孔都把"过"看成是动态助词。我们认为把"过2"看成动态助词是没问题的，但"过1"并不是动态助词，而是补语动词。我们的这一观点得到了一些方家的支持。

刘月华等著的《实用现代汉语语法》把"过"分为动态助词"过"和结果补语"过"。动态助词"过"表示曾经发生某一动作、存在某一状态，但现在该动作已不再进行，该状态不存在。结果补语的"过"表示"完结"，《实用》认为结果补语"过"与动态助词"过"，虽然意思相近，但还是略有差别的。

龚千炎（1995）也认为表示"完毕"实在意义的"过"应分析为补语，并不是时体标记，例如"吃过饭再说"，"这本书我看过了，再给你"。陈立民（2002）也认为只有"过2"是时态成分，"过1"不是时态成分，而是个弱化动词。我们非常赞同陈的观点，至于表示完成的"过1"，我们认为可以看成一个"唯补词"，它跟已经高频虚化的结果补语"完、好、掉、到、住、成、着（zháo）"等相似，能与之搭配的动词组合具有高度的能产性。

"过1""过2"除了意义上有差别外，在语音重读上也有明显的不同［刘月华（1988）、陈立民（2002）也持相同的观点］："过1"一般都要重读，还是读"guò"，如例（8），而"过2"则必须轻读"guo"，如例（9）：

（8）我已经吃过了。
（9）北京我曾经去过（＊了）。

判断"过"是补语动词的"过1"还是动态助词"过2"，还有一个标准那就是补语动词后面可以带"了"，而动态助词后面则不可以。按此标准，例（8）中的是"过1"，例（9）中的是"过2"。

此外，动态助词"过2"可以跟补语"完2"共现，组成"完过"，虽然这种用法非常少见。我们在北大语料库中共找到7例（现代汉语6例，古代汉语1例），并且基本上都是否定句，只有例（14）是唯一的肯定句。如：

（10）她错过的训练里程加起来有 1500 到 2000 公里，而自 4 月 17 日以来，她再没跑完过一次 5000 米，这样看来，即便她现在就能立刻恢复训练，情况也十分不妙。（新华社 2004 年 7 月份新闻报道）

（11）我到一团这几个小时，你从未把一支烟抽完过，可又是一支接一支地抽。（柳建伟《突出重围》）

（12）数学教员外号"杨半本"，他讲代数、几何，从来没有把一本书讲完过，大概后半本他自己也不甚了了。（汪曾祺《徒》）

（13）他当了许多年文书，从来没有写完过一个报告。（陈世旭《将军镇》）

（14）不，殿下，那是不配亵渎您的耳朵的。我已经听完过他们一次，简直一无足取；除非你接纳他们的一片诚心和苦苦背诵的辛勤。（《仲夏夜之梦》）

（15）沃尔夫的儿子天性善良，十五岁就长了胡子，从此开始喝酒，放荡，到二十岁那年从家里被撵了出去，因为他没有念完过一个学校，而且交了坏朋友，欠下债务，败坏父亲的名声。（《复活》）

（16）然兄弟常见和甫先生每阅一文，翻来覆去，至少看十来遍，还要请人复看；瀛翁却只要随手乱翻，从没有首尾看完过，怎么就知好歹呢？（清《孽海花》）

最后，"过"跟"了"搭配共现的"过了"使用频率非常高，在北大语料库现代汉语中有 7 万多条，古代汉语中有 8 千多条。但是"了"与"过"搭配共现的"了过"使用频率却极低，在北大语料库现代汉语和古代汉语各有一条例句，如：

（17）再说，在美国纽约、芝加哥那么大的地方，都没走迷了过，何况这小小的济南，不打听。果然，不大会儿，被他找到了院西大街。街上没有高楼，没有先施公司那样的大铺户，没有鲜明惹人注意的广告牌与货物，没有秩序。（老舍《文博士》）

（18）孟二爷叫道："胜三哥，长箭手要放箭！单刀何能破弓箭？咱们哥俩往西面退下吧。"胜爷说道："二弟，名誉要紧，哥哥一生一世没叫人家追跑了过。贤弟你下水，愚兄身带雕翎，我也剁他们十个八个的。"（清《三侠剑》）

第二节　单事件中都对动词有界化

一　"了1"的有界化作用

李兴亚（1989）详细考察了现代汉语完成体标记"了1"自由隐现的具体情形，发现决定"了1"自由隐现的因素主要有五个：1）动词前面有"已经"等表示过去时间的词语；2）动词后面有数量短语；3）有表示连续动作的后续小句；4）动词后面有结果意义的补语；5）句末有"了2"。如（引自李兴亚，1989）：

(1) 大炮已经响了三天。

　　→大炮已经响三天。

(2) 小王从桌子上拿了一本书，便看了起来。

　　→小王从桌子上拿一本书，便看了起来。

(3) 她吃完了饭，换上了新衣服，出门了。

　　→她吃完饭，换上新衣服，出门了。

(4) 我昨天回到了开封。

　　→我昨天回到开封。

(5) 我看了三遍了，怎么还记不住？

　　→我看三遍，怎么还记不住？

吴福祥（2005）认为"了1"的自由隐现与"了1"的"有界化"作用有关。根据 Bybee，Perkins & Pagliuca（1994）的研究，完成体的功能是表示一个情状被看成时间上有界的，即将一个情状"有界化"。李兴亚（1989）所指出的决定"了1"自由隐现的五种因素中，"已经"之类的时间副词、动词后面的数量短语、谓语句末的"了2"以及动词后面的结果补语，同样都能使一个情状有界（按：在第二章第二节讨论谓语动词有界化的手段时也谈到），也就是说，它们同样都能将无自然终点的动作变为有自然终点或者将动作的自然终止点变为实际终止点（沈家煊，1995）。由此可见，完成体"了1"之所以能在上述五种条件下省略，是因为"了1"所标记的完成体与这些条件的作用是相同的，即都能使特定的情状有界化。

至于在"有表示连续动作的后续小句"的情况下，"了1"为什么可以省略，吴福祥认为后续小句所述事件对前小句所述情状的事件边界有限制作用。特别是当后续小句表示的动作多为完成时，其前小句所述情状更容易被理解为有界事件。所以表示连续动作的后续小句，对前面小句的情状，同样具有使其有界化的作用。

以上借助时贤的研究，分析了"了1"的有界化，下面将要分析一下"过1"的有界化作用。

二 "过1"的有界化作用

石毓智（2000）认为，汉语中真正表示"完成"的体标记是"过"，而不是"了"。"过"指示其前的行为曾经经历过或将要经历，例如"他吃过芒果""明天中午我吃过饭再来"。吕叔湘（1980）也注意到了，"过"用在动词后表示动作完毕的现象，例如"吃过饭再去""赶到那儿，第一场已经演过了""等我问过他了再告诉你"，等等。因此，"过"对其所搭配的动词具有有界化的作用，使一个有开始的动作在时间上具有明确的终止点。

当然，"过1"的有界化作用与"了1"有很大的不同。上面"了1"的有界化作用主要（除了有表示连续动作的后续小句）是在单个事件中进行的，表现为句中只有一个动核结构。而"过1"的有界化作用主要是在双事件，即句中有两个动核结构。这从上面石毓智和吕叔湘所举的例子也可以看出：

　（1）明天中午我吃过饭 再来。
　（2）吃过饭 再去。
　（3）赶到那儿，第一场已经演过了。
　（4）等我问过他了 再告诉你。

以上例（1）、（2）、（4）都是由两个事件构成，这很容易看出来。例（3）好像是单个事件。但只要仔细观察，可以看出它也是包含两个事件：

　（5）赶到那儿，第一场已经演过了。

→第一场已经演过了，我赶到那儿时。

三　"完1"的有界化作用

前面第二章也说到了"完1"的作用，为了阅读方便，这里再复述一下。"完1"的作用就在于说明动作的结束或完成，是对动作从开始一直到结束的整体有界化，当然，它凸显的是动作的终结点。例如：

（1）二奶奶喝完酒，拿起了上衣。"孟先生"，她咯咯笑着，"您真随和"。她对剧作家产生了好感。不过她还是没叫秀莲出来听课。孟先生呢，为了给她个台阶下，也决定改天再来。（老舍《鼓书艺人》）

（2）唱完歌，她随着渐渐平息的掌声下了舞台，走进侧面一个房间。她刚坐在椅子上，忽然看见从迎面的小门里走进来一个男人。（《读者》合订本）

（3）看到这一点，我更加明确，读完书就回来，希望若干年后，当我回顾自己的电视人生涯时，能够说一句。（陆梅《杨澜的最新故事》）

以上三例中的"完"分别是动词"喝""唱""读"的结果补语，分别说明"喝酒""唱歌""读书"这三个动作的结束或完成，其中的"完"只在时间上对动词"喝""唱""读"进行有界化，与受事宾语"酒""歌""书"不发生直接关系。

第三节　双事件中都对前一动词有界化

一　"了1""过1""完1"的互换

前面（第二章第二节）我们主要分析了在单个事件（即句子只有一个谓语动词）中"了1""过1""完1"的功能同一性，即都对谓语动词进行"有界化"，下面将分析"完1"和体标记"了1""过1"在多个事件中的"有界化"作用。

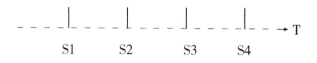

以上的 S1、S2、S3、S4 分别代表一个个事件，它们都在一维性的时间轴上依次展开，沈家煊（1995）称之为连续事件。由于研究的重点不同，沈先生没有对此展开分析。下面我们就结合汉语的例句，尝试分析连续事件的"有界""无界"问题。

我们认为，连续事件在汉语中最典型的体现就是顺承复句，如：

（1）这只鸟喝完酒，收好筷子，盖好小饭盒，拎起提包，要飞了。
（汪曾祺《安乐居》）

　　　　　　S1　　　　　S2　　　　　S3　　　　　S4　　　　　S5

（2）她莫名其妙地笑了笑，然后点了点头，便走回自己的办公室。
（张斌，2002）

　　　　　　S1　　　　　S2　　　　　　S3

例（1）是由 5 个事件构成的顺承复句，例（2）是由 3 个事件构成的顺承复句，复句小句内部顺序都是按照时间的先后排列的。

此外，汉语中表示两个动作在时间上先后依次发生的连动句，一般是由双事件构成，如：

（3）我做完作业 就回家。
（4）我打完球 去洗澡。
（5）咱们吃完饭 去跳舞。
（6）他洗完脸 吃早饭去了。

以上的例子都包含两个在时间上一先一后、连续发生的事件 V1 和 V2，如果凸显 V2 在 V1 终结之后才发生，并且把 V1 的终点作为 V2 的参照，那么 V1 的终结点往往得到凸显，就可以用 V2 来标示 V1 的终点。

下面我们就来讨论"完1""了1""过1"在由两个事件构成的复合

句中的功能同一性。

1. 吃过饭

（7）a. 夏世富说："吃过饭再办公事。"（周而复《上海的早晨》）

　　　b. 夏世富说："吃了饭再办公事。"

　　　c. 夏世富说："吃完饭再办公事。"

（8）"他呀，吃过饭到区上开会去啦！"母亲答道。"哥，咱爹回来就当上干部啦，是副农救会长哩！"德刚高兴地告诉哥哥。（冯德英《苦菜花》）

（9）"你要出去吗？现在就要吃早饭了，吃过饭我领你去。""不用。你要上课，我自己去找吧。"江华说罢，沉吟一下，微微一笑道，"我想到一个问题，你必须要做精神……"（杨沫《青春之歌》）

（10）进了学校大门，两姐妹一前一后，一阵风似地朝周炳的卧室卷去。房门开着。周炳刚吃过饭回来，一转身看见她俩，就朝门口迎出来两步，诧异地望着客人。（欧阳山《苦斗》）

2. 喝过酒

（11）可听了你那一派胡言，我改了主意。听着，你要真不想救二爷活命，喝过酒去见二爷一面，我再送他上西天。（《作家文摘》1993 年）

（12）她似乎已经喝过酒了，涂了过浓的鸦片香水，头发高高地像古代女人那样束在头顶上，眼睛像碎玻璃片那样闪闪发亮。有种令人不适的气息。（卫慧《上海宝贝》）

（13）领班答："许久不来了，那次请你喝过酒，就不再见他。方小姐，你也忙吧？"祖斐坐下来，叫一客覆盆子冰淇淋。这是什么意思呢，向不相干的人打听他的行踪？（亦舒《异乡人》）

3. 看过电影

（14）两年前，减去了这人均 8 角钱后，谁也不肯或不愿恢复这笔电影费，造成了农村电影市场萎缩、电影发行站面临亏损的局面。一些乡镇干部出差、开会较多，在城里看过电影后更不愿操心费力去张罗农民看电影，致使电影和农民越离越远了。（《人民日报》1995 年）

（15）一天下午，主席和身边的工作人员一块看电影，电影的名字是《红与黑》。看过电影后，大家不免对片中的情节和人物进行议

论，客厅里出现了少有的热闹。客厅里出现了少有的热烈气氛。（《读者》合订本）

（16）笔者曾调查过十余位研究生，居然都坦陈自己是看过电视剧《红梦楼》《西游记》和《三国演义》后，才激起了他们的认真研究。（《人民日报》1998年）

4. 看过电视

（17）不同风格样式、产生在不同时期的文艺作品是不能简单类比的，但在看过电视剧《北京人在纽约》之后，仍然有一些人把它与我国电视剧领域少有的几部佳作相提并论。（《人民日报》1993年）

（18）一个失学儿童入学，并决定咬紧牙关，再建几所寄宿学校；两个农民看过电视后，上书胡富国书记，坦陈他们对农村工作和农村儿童上学的看法……

二　三者互换的深层次动因

以上的例子"过"的前后，都是由先后发生的两个事件构成：前一事件结束了，后一事件接着发生。每一例句中的"过"都是标记前一事件结束的"过1"，如果把它们像例（1）那样分别换成"了1"和"完1"，变换后三个句子的意思完全相同，即都表示前一动作或事件结束，后一动作或事件接着发生[①]。因此，在由两个动词构成的双事件中，位于前一动词后的"完1""了1""过1"的句法功能是相同的，即都是对前一动作（事件）的有界化。

其实早在近代汉语里，在同一个句子中，"过1"就可以与"了1""完1"互换，而句子的意思并不发生变化，例如：

（1）安老爷此时事是完了，礼是送了，合他放量喝了一回，吃过饭便过厢房去安歇。此时那个麻花儿是合邓九公的那班小小子混熟了。（《儿女英雄传》）

---

① 石毓智（2001）指出，汉语的三个体标记中，"了"和"过"都可以表示一个动作在另一个动作之前发生："吃了饭再走"和"吃过饭再走"。但是他没有说明原因，在下文中我们对此将做出解释。

（2）庄大老爷在官厅里，一直等到一点半钟，肚里饿得难过，意思想转回衙门，吃过饭再来。偏偏又有人来说，统领已经睡醒，只好等着传见。（《官场现形记》）

（3）说毕，便一直的出去了。吃过饭，洗了手，进来拿金线与莺儿打络子。此时宝钗早被薛蟠遣人来请出去了。（《红楼梦》）

（4）宝玉笑道："亏你提起来。"说着，便仰头向窗外道："宝姐姐，吃过饭叫莺儿来，烦他打几根络子，可得闲儿？"（《红楼梦》）

（5）贾珍吃过饭，盥漱毕，换了靴帽，命贾蓉捧着银子跟了来，回过贾母、王夫人，又至这边回过贾赦、邢夫人，方回家去，取出银子，命将口袋向宗祠大炉内焚了。（《红楼梦》）

当然，无论是现代汉语，还是近代汉语，"过1"换成"了1""完1"后意思之所以不变，或者说"完1""了1""过1"的句法功能之所以相同，我们认为其根本原因是由于在深层次上它们有相同的语义基础，即都表示"完成"。

一个事件可以包括起始、持续和终结。观察一个事件，可以从外部观察，也可以从内部观察。外部观察就是把事件看作一个不可分解的完整体，着眼于事件的实现或完成；内部观察是把事件当作可分解的结构体来观察分析，着眼于事件的起始和延续（参看戴耀晶，1997）。其实，外部观察就是国外体貌中的"完整体（perfective）"；内部观察就是国外体貌中关注事件的过程或阶段性的"完成体（perfect）"。可见"完1""了1""过1"所包含的双事件的观察方法，都是对前一事件从外部进行整体观，强调前一动作是一个完整的事件。

三 三者互换的限制条件

当然，"完1""了1""过1"的功能同一性，或者说它们之间的互换，是有条件限制的，除了上面说到的必须是在双事件句中，还有个条件就是这三个补语后面所带的宾语在句法形式上都必须为普通的光杆名词，语义上都是无指的（陈平，1987）。比如在下面的例句中"完"与"了1"可以互换，但"过1"则不行。

（1）他看了三部电影。

（2）他看完三部电影。

（3）他看过三部电影。（过2）

以上三例中的数量短语"三部电影"，在语义指称上是有指的。例（3）中的"过"只能是表示经历的"过2"，不能是表示完成的"过1"。

最后顺便讨论一下石毓智（2000）的研究。石先生指出，汉语中真正表示"完成"的体标记是"过"，而不是"了"。"过"指示其前的行为曾经经历过（过去完成）如"他吃过芒果"，或将要经历（将来完成），如"明天中午我吃过饭再来"等。结合上面的论述可以看出，"明天中午我吃过饭再来"的"过"，准确地说，应该是补语动词"过1"。此外，他所举的似乎也有一些问题，因为"他吃过芒果"中的"过"应该是"过2"，主要表示动作的经历或过去曾经有这样的事情，而不是表示动作的"完成"，如变换后的例（4）。只有在后面增加成分，即追加一个事件，这时的"过"才能表示动作的"完成"，即"过1"，如例（5）、（6）。

（4）我吃过芒果，味道很不错。

（5）我吃过芒果就去睡觉。

（6）我吃过芒果，接着又喝了一瓶汽水。

第四节 都只表"体"而不表"时"

一 "体"与"时"的区别

"完1""了1""过1"的句法功能同一性，除了表现为上面所说的（即都是对双事件中前一事件的有界化）之外，还表现在它们在句子中表达的语法意义都与"体"（aspect）有关，而与"时制"（tense）没有直接关系。

体反映的是动作行为的状况或阶段，这就不可避免地与时间发生关系，只不过体所涉及的时间是动词的内在时间结构，如起始、持续和终止等。体并不关心这种动作或状况的发生时间，即发生在过去、现在还是将来。这与动词的另一个重要语法范畴"时制"（tense）恰好相反，"时制"强调动作发生的时间，即过去、现在还是将来，不去关注动作是在持续进行，还是已经完成。总之，"体"本身蕴含着时间，但并不表示"时制"。

时制是从外部看待某一事件，参照话语行为的时间把该事件定位成一个整体；而体则是从内部看待事件，把它当成一个独立于话语行为的可供切分的连续体。因此，不同的体可以跟不同的"时制"结合起来使用。下面就来看表示完成的"完1""了1""过1"与不同"时制"结合使用的句子。

二　"了1""过1""完1"只表"体"

刘勋宁（1988）认为，"这种'现实体'与'时'（tense）没有关系，因而 V 表示的动作或事态不论是过去发生的、现在发生的还是将来发生的，V 都可以带'了'。"例如（笔者附）：

（1）昨天我去了外滩。（过去）
（2）下课了。（现在）
（3）他们明年结了婚才出国。（将来）

徐通锵（1997）也持相同的观点。他认为，应该把"了1"看成连续性时程的离散化的标记，因为这种离散化没有特定时间的限制，既可以发生于过去，也可以发生于现在或未来。朱德熙（1982）也认为，汉语的动词后缀"了"（即"了1"）和印欧语动词的过去时词尾作用是不同的。印欧语动词过去时表示说话以前发生的事，汉语的"了"只表示动作处于完成状态，跟动作发生时间无关，既可以用于过去发生的事，也可以用于将要发生或设想中发生的事。

孔令达（1986）指出，"过1"表示动作完毕，不受任何时间的限制，既可以用于过去，也可以用于现在和将来，这与专门表示过去时的"过2"不同。

（4）昨天傍晚我吃过饭就散步去了。（过去）
（5）我已经吃过饭了，咱们散步去吧。（现在）

（6）明天我吃过饭就去散步。（将来）

关玲（2003）认为，"V完"式是单纯表示完成体的，它本身并不表示时间，因而可以用在过去时的句子里，又可以用在表示未来时和恒常时（即现在时）的句子里。例如（笔者附）：

（7）昨晚我做完作业才睡的觉。（过去）
（8）哈哈，作业终于做完了。（现在）
（9）明天下班前我一定干完你布置的任务。（将来）

"时态"主要表示动作行为发生的时间，一般可以分为现在时、过去时、将来时。"体"主要表示动作进行的状态，一般分为开始、进行和完成。从上面的分析可以看出，"完1""了1""过1"表示的主要是动作行为或事件的"体"，由于它们都可以用在过去、现在、将来的句子中，所以他们与"时"并没有必然的联系，这与专门表过去时的"过2"有明显的差别。此外，据Bybee, Perkins & Pagliuca（1994）的跨语言调查，完成体可以以过去时或将来时的形式出现。

第四章

补语"完"的认知语义分析

第一节 三个"完"对"V 单"的语义选择

下面我们将讨论哪些动词能与"完"搭配，哪些动词不能与"完"搭配，以及这些表面现象的背后所隐藏着的深层语义动因。

一 "完1""完2"与"V 单"的搭配

在进入正题之前，先看一下利用语义特征对动词的经典分类。

马庆株（1981）根据动词［±持续］的特征，把动词分为"持续动词"（能加"着"的动词）和"非持续动词"（不能加"着"的动词）两大类。然后根据动词带时量宾语表现出来的特点，用［±持续］、［±实现］、［±状态］这几组语义特征，把动词分为以下几个小类，如下图所示：

$$
动词\begin{cases} 非持续性动词——"死"类 \\ 持续性动词\begin{cases} 强持续性动词——"等"类 \\ 弱持续性动词\begin{cases} "看"类 \\ "挂"类 \end{cases} \end{cases} \end{cases}
$$

"死"类动词的语义特征：［－持续］、［＋完成］、［－状态］。

"等"类动词的语义特征：［＋持续］、［－完成］、［－状态］。

"看"类动词的语义特征：［＋持续］、［＋完成］、［－状态］。

"挂"类动词的语义特征：［＋持续］、［＋完成］、［＋状态］。

陈平（1988）在分析汉语时相结构时，根据［±静态］［±持续］［±完成］把汉语的句子表现的情状分为：

	静态	持续	完成
状态	+		
活动	−	+	−
结束	−	+	+
复变	−	−	+
单变	−	−	−

从上面可以看出，只有结束和复变两类情状才有［＋完成］。

郭锐（1993）认为，动词的内部过程可能由起点、终点和续段三个要素构成。然后作者根据六条标准把汉语动词的过程结构分为以下五大类：

无限结构：无起点，无终点。例如：是、等于、以为、作为。

前限结构：有起点，无终点，续段很弱。例如：认识、知道、熟悉、当心。

双限结构：有起点，有终点，有续段。例如：坐、住、爱、病、醉、依靠。

后限结构：没有起点，有终点和续段。例如：产生、消失、离开、灭亡。

点结构：没有续段，起点和终点重合。例如：来、忘、坎肩、收到、开始。

综合以上三位专家的分析，我们认为马先生所说的强持续动词或陈先生所分析的状态类情状动词，与"完"的语义是不兼容的："完"要求其前的动词是有界动词，即动词必须有终止点，而强持续动词和状态动词都是无界动词，即动词没有终止点，所以它们不能匹配、不能搭配共现。不能与"完"搭配共现的单音节强持续性动词或状态动词，主要有以下几类：

a. 心理动词：爱、恨、怕、盼、怨、愁、怪、嫌、懂、忘。
b. 能愿动词：要、愿、得、肯、敢、能、应、该、准、许、会。
c. 关系动词：有、是、在、叫、像、姓、值。

d. 姿态动词①：站、坐、躺、藏、躲、跪、趴、蹲。

　　王还（1990）认为，"完"虽说是一个很常用的补语，但并不是所有的汉语动词都能以"完"为补语的，任何动作性动词都有"完成"的问题，但似乎只有能持续一个过程的动词才有"完"不"完"的问题。董秀芳（2004）也认为"V完"中的动词必须具有一定的内部时间过程，不能是瞬间动词，如不能说"坐完""眨完""点完（头）"等。关玲（2003）同样认为"V完"中的动词必须是可持续的，如"上完课"可以说，而"下完课"则不能说。我们赞同以上的观点，认为能与"完"搭配的动词必须是一个内部有时间持续过程，即这个动词必须具有明显的起始点、终止点和持续过程。当然这里的"完"是语义可以指向动词，表示动作结束完成的"完1"和"完2"。

　　关玲（2003）认为，同一个动词，当它表示瞬间意义时，不能用"完"，而表示持续意义时就可以用"完"。"上班"是"在规定的时间到工作岗位开始工作"，因此也不能说"上完班"。"走"有离开意义，不能说"走完了"，而应该说"人都走光了"。

　　我们认为"上完班"和"走完了"在普通话里都是可以说的，我们利用 Google 检索到很多的例子。考虑到出处，我们又在北大现代汉语语料库中检索到了"上完班"（1）、（2）两例，符合上文讨论的"走完了"（3）—（6）四例，列举如下：

　　（1）九年来，沈丹华很少有上完班就走的，总是提前上班，延迟下班，就连饭也常常是在织机前吃。开始时，是为了学技术练技术；后来是主动帮助姐妹们捉断头、练技术、抢修设备，同时提高自己织的丝绸的产量和质量。（《人民日报》1995 年）

　　（2）上完班疲惫地走回家，发现这间房子完全被水洗过了，原来的燥气、尘土气，被水汽、肥皂气所取代；当我坐在床垫上解鞋带时，F 从厨房里出来，高高挽着袖子，手被冷水浸得红扑扑的。（王

　　① 姿态动词（posture verb），如上面的"坐"并不表示"坐这个动作在持续地进行"，而是表示"这个状态的存在"。其实，行为动词"坐"有两种用法：一表示由站到坐的体势变化，如"他走过去坐下来"，这里的"坐"是动态动词；二表示人保持某种姿态，如"他坐在教室里"本文的用例就是这个意思。

晓波《未来世界》)

（3）旅客一个个走完了，仍未见到张国焘。李克农双眉紧锁。这其中一定有鬼，张国焘不可能在自己的眼皮底下溜走！莫非他还在车上没有下来？（《作家文摘》1997 年）

（4）天亮的时候，我们也明知道那班人走完了，却还都不敢爬出房门，一直等到老板亲自跑来叫我们吃早饭。训练主任望见老板，吓得仍旧还同昨晚在房中一样，抖战得说不出话来。（叶紫《行军掉队记》）

（5）我在莫高窟一连待了好几天。第一天入暮，游客都已走完了，我沿着莫高窟的山脚来回徘徊。试着想把白天观看的感受在心头整理一下，很难；只得一次次对着这堵山坡傻想，它究竟是个什么样的存在？（余秋雨《莫高窟》）

（6）宋惠珊每天去敲门，都没等到。星期六，宋惠珊提前下班，坐在设计院传达室里等。一直到办公楼里的人快走完了，宋惠珊才堵到华菁。（陆星儿《一个和一个》）

以上的"上完班"之所以能说，我们认为也是很好解释的。这里的上班可以理解为工作，因为一般的正式工作，都是有时间限制的，一般是八个小时。这就符合了"完"的语义要求，所以可以说"上完班"。上面"走完了"中的"完"是"完3"，它的语义是指向主语，并不表示时间，也是合格的。

下面顺便讨论一下"V＋了＋时段"与"V＋完＋时段"的区别。

（7）a. 书看了三天了。　　　b. 书看完三天了。

（8）a. 秧插了三天了。　　　b. 秧插完三天了。

例（7）a 中的时段"三天"可以有两种理解方式：

A. 动作行为的持续时间：

　　书看了三天还没看完。

B. 动作行为结束后延续的时间：

　　书看了三天了，很多细节都忘了。

例（7）b则只能按照上面的B种理解方式，即动作行为结束后过了三天。例（8）a中的时段也可以有两种理解方式：

A. 动作行为的持续时间：

秧插了三天了，还没插齐。

B. 动作行为结束后延续的时间：

秧插了三天了，可以追肥了。

例（8）b则只能按照上面的B种理解方式，即动作行为结束后过了三天。

二 "完3"与"瞬间动词"搭配的认知解释

无论是马先生的非持续性动词（即"死"类动词），还是陈先生所说的单变动词，或郭锐（1993）所谓的点动词（又叫瞬间动词），它们所表动作的起始点和终结点往往是在一起的，中间没有持续过程。那么这类动词是不是就不能与表示动作结束、完成的"完"搭配共现呢？我们认为这要作具体的分析。上文分析了语义都指向动词、表示动作完成或结束"完1""完2"，它们要求与之搭配的动词必须是持续动词，所以不能与"瞬间动词"搭配。但是我们发现语义指向主语的"完3"却可以和部分"瞬间动词"搭配，例如（更多例句见第二章的附录）：

（1）两人放心出洞，知道毒虫野兽都死完了，家畜并没有损失多少。他们兴高采烈，把打死的老虎等开剥，从此他们洞里有皮毯子，女人有了皮大氅，男人有几天新鲜野味吃。（钱钟书《上帝的梦》）

（2）现在志摩是死了，但是他的诗文是不死的，他的音容笑貌可也是不死的，除非要等到认识他的人老老少少一个个都死完的时候为止。（郁达夫《志摩在回忆里》）

（3）1990年冬天的一个晚上，在张集、香泉乡忙于工作已二十多天没回家的林晓东匆匆赶回家，憔悴不堪的妻子眼泪像断了线的珠子滚落下来："你心里还有这个家吗？你买的蔬菜放在冰箱里，因停

电不到五天就烂完了，我娘俩天天吃萝卜干，米也断了两天。"（《人民日报》1996 年）

（4）城门三天一关，两天一闭，青菜不能天天入城。赶到一防疫，在城门上，连茄子倭瓜都被洒上石灰水，一会儿就烂完。于是，关一次城，防一回疫，菜蔬涨一次价钱，弄得青菜比肉还贵！（老舍《四世同堂》）

上面的"死""烂"都是瞬间动词，句子中"完"都是"完 3"，它的语义指向主语，说明主语参与动作的范围。当然这里的"完 3"并不是动词，而是形容词①。

"完 3"可以与瞬间动词或点动词搭配解释的合理性，也可以从以下

---

① "完 3"是形容词的证据：

这里需要重点说明的是"完 3"。为什么"完 3"会与"全""都"意思相近。许慎《说文解字》对"完"的解释是"完，全也。全作仝。仝，完也。是二字互训。"古汉语中的"完"既可以作动词，也可以作形容词。

形容词：完整，完好。《孟子·离娄下》："故曰城郭不完，兵加不多。"《石壕吏》："出入无完裙。"

动词：修缮。《孟子万章上》："父母使舜完廪。"

吕叔湘（1966）提到了"完"作形容词的用法："完"经常作补语，但是不能做"动+得"的补语；"完"跟形容词"多、少、够、好"一样，它可以加在很多动词后面，即作补语的能力特别强。

我们搜查了许多词典，只有 2005 年版的《现代汉语规范词典》中列出了"完"的形容词用法：

完：⑤形　光；尽：水喝完了/材料用完了。

而最新的《现代汉语词典》（第 6 版）对"完"的释义是：

完：②动　消耗尽；没有剩余的；煤烧完了/信纸完了。

通过对两本权威词典"完"的词类标注的对比，可以看出明显的不同：基本意思都表示"光、尽"，《规范》把这时的"完"看成是形容词；而《现汉》则看成是动词。我们赞同《规范》的看法，因为通过对《现汉》对"光"的词类标注，我们发现了前后的矛盾之处：

光：⑨形　一点儿不剩；全没有了；完了：精光/用光/把敌人消灭光。

这里"光"的意思和用法，与"完"的基本相同。但《现汉》把"光"看成是形容词，而"完"却是动词。我们认为，《规范》的做法就非常好，因为对"完"和"光"的词类标注前后是一致的。

光：⑩形　净；尽；一点不剩：钱花光了/把病虫害消灭光了/精光。

我们认为"完 3"是古汉语的形容词"完"用法的滞留，即语法化中的"语义滞留"。

的瞬间动词与"下去""下来"的搭配，以及瞬间动词与"时间段"词语的搭配中得到旁证。

1. 下去、下来

卢英顺（2005）在讨论"延续体"助词"下来"时，举了以下两个表面上不能搭配的特例，如：

（5）养鸡场的鸡不知道得了什么病，每天死三四只，如不赶紧想办法，每天这样下去，鸡场就完了。

（6）a. 这鞭炮据说8点就点燃了，刚放完不久。这样爆炸下来，得花多少钱啊！

b. ﹡这根鞭炮据说8点就点燃了，刚放完不久。这样爆炸下来，得花多少钱啊！

例（5）中的"死"从动词本身看是瞬间动词，因而不具有持续性，这是对单个的个体而言的，如我们不能说"﹡那只鸡要是死下去，鸡场就完了"。但是，当与"死"相联系的主体（"死"的配价成分）表示的是"多数"的时候，虽然对每一个个体来说，"死"是不能重复的，但众多的个体却可以重复"死"这一行为，所以"死"后面可以跟体助词"下去"。

例（6）中的"爆炸"，从其本身来看，不具持续性，但例（6）a是可以成立的，这是因为一挂很长的鞭炮可以一个接一个地"爆炸"，这种事件具有"反复"性，因而这是一个具有"延续性"的事件，所以"爆炸"后面可以接"下来"。例（6）b则不同，此例中的鞭炮只有"一根"，而"爆炸一根鞭炮"是瞬间的事，可见，它所表示的事件不具有"延续性"，所以例（6）b中"爆炸"后不能接"下来"。

2. 炸、响

陈平（1988）认为"炸""响"等表现瞬时变化的动词，如果句子中的其他成分提供适当的语义环境，它们也可以与时间段词语搭配，如：

（7）a. 埋在土里的定时炸弹"轰"地一声炸了。

b. 大火终于烧到仓库，那满库房的军火噼里啪啦炸了足足20分钟。

（8）a. 小明手里的大炮仗突然响了。

　　　b. 昨晚是年三十，炮仗响了整整一夜。

　　以上 a 句是"炸""响"的瞬时用法。b 句的主语为瞬时行为的多姿态用法（即在日常生活中，这些动作不太可能只做一次，而是多次反复发生）提供了条件，所以"炸""响"后面可以带表时间段的宾语。

　　按照上面的分析，对"完3"，我们也可以从一个新的角度进行分析。以"池塘里的鱼死完了"为例，可以有两种解读方式：一是按照上文的分析，这里的"完"表示主语参与动作的范围，与"全、都"的意思相同，这种理解方式不强调塘里鱼死的时间性（过程性），即鱼在瞬间全部死亡。二是如果鱼不是在瞬间同时死亡，而是一天接一条地死去，那么塘里所有的鱼都死去，就需要一个时间段（过程性），这时的"完3"也表示动作在时间上的终结。

　　"死"类瞬间动词与"完3"搭配后，不仅"完"的表意有些不同，而且"完"的语义指向也有所不同，为什么这里补语"完"的语义不指向动词，却指向了主语呢？我们认为这与其前动词的时间性有很大关系。因为对于瞬间动词来说，动作的开始也就意味着动作的结束，它缺乏一个从起始点向终止点逐步接近的中间过程，这样在动词后就不需要一个语义指向动词、表示动作结束的补语。这就会导致"死"类动词后"完"的语义指向及其意义发生变化，即语义上指向主语，表示"全、都"的意思。"死"类单音节动词还有：断、熄、丢、塌、败、断、炸、垮、倒、摔、醒、灭、摔等。

　　"完3"不仅可以与"瞬间动词"搭配，而且还可以跟"非自主动词"搭配。

三　"完"与"V"搭配的词典统计

　　为了比较全面地分析"完"与"V"的搭配情况，我们对《汉语动词用法词典》作了详细的考察。该词典共考察动词1308个，按义项出条，共计2170条。其中三音节动词两个（标志着、意味着），双音节动词759个，单音节动词547个。动词与"完"的搭配的情况，穷尽性地统计如下：

	数量	能与"完"搭配		不能与"完"搭配	
		数量	百分率	数量	百分率
单音节动词	547	389	71.12%	158	28.88%
双音节动词	759	223	29.38%	536	70.62%
三音节动词	2	0	0	2	100%
动词总数	1308	612	46.79%	696	53.21%

　　注：我们的统计是按词来计算的，没有考虑词的义项。因为同一个动词，它的不同义项与"完"的搭配情况是不一样的：有的可以搭配，有的则不能搭配。比如以"吃"为例：（1）把食物放到嘴里经过咀嚼咽下去（包括吸、喝）；（2）依靠别人或某种食物来生活；（3）消灭（多用于军事、棋戏）；（4）吸取（多为液体）；（5）受、挨。其中只有第一个义项可以与"完"搭配。

　　从表中统计的数字可以看出，绝大部分单音节动词（71.12%）都能与"完"搭配，也就是说，它们的搭配能产性很高；而双音节动词绝大部分（70.62%）不能与"完"搭配，这或许与下文要说的韵律有很大关系。从总体上看，动词中能与"完"搭配的（612个，占动词总数的46.79%）和不能与"完"搭配的（696个，占动词总数的53.21%）基本持平。

　　胡明扬（1999）认为，如果动补结构中补语是修饰动词的，如"拉住""吃完""扔掉"，等等，后面的补语是有限的一些常常用作补语的"补词"，按理应该算"词"，但是词典往往不收，大概是怕数量太大。因为"补语"往往处在虚化过程中，有的则和动态助词非常接近，但是这一类词很难说是能"见字明义"的，按理应该收。就词典而言，也可以只收"－住""－完""－掉"，等等，然后在后面附上一批常用的动补结构的"词"作为例子。

　　以上胡先生观点值得借鉴，我们对第6版《现代汉语词典》所有动词的"－完"这一词条逐一进行考察，没有发现一个动词与"完"结合成词。《词典》没有把"－完"列入词条，可能就是因为这种动补结构的能产性（从上表的统计可知，能与"完"组合成动补结构的单音节动词有389个，详细情况见附表）太高，列入词条怕数量太大。按照胡先生的观点，我们认为，在词典编撰中，可以在虚化程度很高的"－完"后面附上一批使用频率很高、使用范围非常广泛的"动补词"作为例子，如"说完""做完""走完"，等等。

第二节 三个"完"的自动义和使动义差异

一 表达使动的两种手段

汉语中表达使动可以有两种手段:一是词汇意义本身带有使动义,如:使、令、叫、让、请、劝、搬、追、把、吓、方便、号召、发动、打发、促使、动员、怂恿、阻止、命令;二是句法手段,如:

(1) 他的突然死亡使我极其难受。

(2) 她用叉子把春卷断成两段。

(3) 他每天早晨送我去幼儿园。

(4) 这两句话说得老头儿回去睡不着。

(5) 他咔嚓一声扭断了黄瓜。

例(1)是带"使"字的致使句,例(2)是致使性"把"字句,例(3)是使令句(或兼语句),例(4)是"V得"致使句,例(5)是动结式作谓语中心的使成句,这也是我们下文要重点讨论的。

二 语义指向与使动义

王力(1943)首次提出"使成式"的概念:"凡叙述动词和它的未品补语成为因果关系者,叫作使成式(causative form)。"然后他进一步从形式和意义两方面对使成式做出了规定:"使成式是一种仂语的结构方式。从形式上说,是外动词带着形容词('修好''弄坏')或者是外动词带着内动词('打死''救活');从意义上说,是把行为及结果在一个动词性仂语中表示出来。这种行为能使受事得到某种结果,所以叫作使成式。"

可见,王先生的"使成式"概指"及物动词带形容词或不及物动词"的动结式,结构的前后项之间有"使成"语义关系,表示通过某种动作行为使受事者得到某种结果,补语语义指向受事。

吕叔湘(1986)独辟蹊径地把补语和主、谓、宾的语法关系,和施事、受事的语义关系等结合起来,去考察补语的语义和语法功能,这为研究动补结构提供了一条全新的思路。他认为句子的语义关系是：动作发自主语，及于宾语，结果表现为补语，宾语和补语构成一个表述，也不妨说是一种主谓关系。例如他在文章中所举的："小刘爬上车身，拉紧帆布篷，拴牢绳子。"这里的补语和宾语的关系是：帆布篷紧，绳子牢，在语法上都是主谓关系。

徐通锵（1997）在"语义句法"那一编的"离心字块的结构和它的语序"一节中，把简单的、理想的语义结构大体上分为如下两种类型：

1. 动字 + 名字
2. 动字1 + 动字2 + 名字

类型1就相当于一般语法书所说的"动宾结构"，类型2相当于"动补结构"。然后，他又根据"动字2"的语义指向，把类型2又分为两个小类：

2A. 动字2的语义指向动字1的受事。
　如：推翻了帝国主义的统治。
2B. 动字2的语义指向动字1的施事。
　如：门外走进来一个老太太。
　　　一个老太太从门外走进来。

徐先生根据动字2的语义指向的不同，把动补结构分为两种句式：自动和使动。"动2"的语义指向：指向受事，"动1 + 动2 + 名"就是一种使动结构；指向施事，就是一种自动结构。也就是说上面的2A是使动，2B是自动。

前文根据"V单 + 完"中"完"的语义指向的不同，把"完"分为"完1""完2"和"完3"。"完1"语义指向动词，"完2"的语义既指向其前的动词又指向受事宾语，"完3"语义指向主语。如果综合上面诸位方家的分类，那么，"完1""完3"所在的句子是自动句，"完2"所在的句子是使动句。

从上面吕、徐二位先生的论述中可以看出，补语有无使动义与补语的语义指向有很大关系，下面结合三组例子来具体分析。

A	B	C
大姑娘哭瞎了眼睛。	我昨天下班后走晚了。	我听懂了故事。
小妹哭湿了手帕。	我晚饭吃早了。	我学会了汉语。
妈妈叫醒我了。	我那首歌唱慢了。	孩子睡醒了。
诸葛亮气死了周瑜。	听力录音放快了	潮水涨高了。

上面 A 组的补语在语义上都指向宾语，句子有使动义。这从下面的分析中可以看出：

　　大姑娘哭瞎了眼睛。
　　→ 大姑娘把眼睛哭瞎了。
　　→ 大姑娘哭，（致使）眼睛瞎了。
　　小妹哭湿了手帕。
　　→ 小妹把手帕哭湿了。
　　→ 小妹哭，（致使）手帕湿了。
　　妈妈叫醒我了。
　　→ 妈妈把我叫醒了。
　　→ 妈妈叫我，（致使）我醒了。
　　诸葛亮气死了周瑜。
　　→ 诸葛亮把周瑜气死了。
　　→ 诸葛亮气周瑜，（致使）周瑜死了。

　　A 组句子变为"把"字句后，原句子中动补之间潜在的致使关系，通过介词"把"而获得凸显外化。B 组中的补语都指向动词，描述、评价动作的状态或状况。C 组中的补语都指向主语，都是对主语进行说明。B 组和 C 组的共同点是：没有对客体受到影响后产生的结果加以说明，也就是说，客体没有在外界的影响下发出新行为、处于新状态，这样就致使语义结构来看缺少"结果"，结构不完整，因而都不含致使关系。

三　"完 2"使动义的形式验证

　　从上面的分析可以看出，语义指向动词的"完 1"和语义指向主语的"完 3"都不含有使动义。下面就结合实例，来分析一下"完 2"的使动义。

(1)摄制组刚拍完一部电影。

(2)小王干完了主任交给的任务。

(3)工作人员直到今天才搭完摄影棚。

三个句子的补语"完"都是"使……完成",由于主语和宾语的不同,三个句子就用了三种不同的表达:"拍完、干完、搭完。"从语义上来看,三个动作"拍""干""搭"分别与各句的主语、宾语和补语相配合,"摄制组"致使"电影"完成是通过"拍"这一动作来实现的,所以用"拍完";"小王"使任务完成必须通过"干"这个动作才能实现,所以用"干完";"工作人员"致使"摄影棚"完成或完工只能通过"搭"这个动作来实现,所以用"搭完"。

此外,还可以通过如下的变换分析,清楚地表示出致使关系。

(4)摄制组刚拍完一部电影。

→摄制组刚把一部电影拍完。

→摄制组拍一部电影,(致使)电影完成了。

(5)小王干完了主任交给的任务。

→小王把主人交给的任务干完了。

→小王干了主人交给的任务,(致使)任务完成了。

(6)工作人员直到今天才搭完摄影棚。

→工作人员直到今天才把摄影棚搭完。

→工作人员搭摄影棚,(致使)摄影棚完工。

第三节 "V单+完"的否定特性及解释

一 定量/非定量、离散量/连续量

语言中有两种不同的"量":一种是可以自由地用数量词来称数的"量",它是可变的、不确定的,我们可以称为变量或非定量,如一般的性质形容词。另一种是那些不能自由地用数量词来称数的结构单位的"量",它是确定的、不变的,我们可以称为定量,如状态形容词、动词的重叠式等。

定量的词在语义上只表示一点，没有量变，也就无所谓连续性或离散性；非定量词在量上有一定的伸缩性，有量变，因而有连续性和离散性。据此我们可以把语言中的量归纳为：

$$量\begin{cases}定量\\离散量\begin{cases}非定量\\连续量\end{cases}\end{cases}$$

非定量词的连续性表现为模糊的、强弱不等的、界限不明的程度，它不能自由地用数量词来修饰限制，而只能用"有点""比较""很""太""十分""最"等来修饰限制，这又典型地体现在性质形容词上，如：

这件衣服有点（比较、很、太、十分、最）漂亮。
这个男孩有点（比较、很、太、十分、最）淘气。

定量词的离散性表现在，词的前后可以自由地用不同的数量词来修饰限制，如名词前面可以加名量词，动词后面可以加动量词和时量词。

一座（两座、三座……）山
看一个（两个、三个……）小时电视
去一次（两次、三次……）北京

二 "不"与"没"否定的区别

石毓智（2000）认为，"不"与"没"对非定量词语的否定有明确的分工："不"只能否定连续量词，"没"只能否定离散量词。如：

（1）我没有去过北京。
　　　＊我不去过北京。
（2）那个杯子没有摔碎。
　　　＊那个杯子不摔碎。

（3）那本书他没看三遍。

　　＊那本书他不看三遍。

　　上面三个例子的谓语动词"去、摔、看"分别被体标记"过"、结果补语"碎"和动量短语"三遍"离散了，所以整个谓语只能被"没"的否定，不能被"不"否定。"没"否定的是离散量，这也可以在肯定式中看出，如"没看电影"的肯定式是"看电影了"，这里的"了"表明动作是一种整体性的离散量，有明确的起始点和终止点。"不"否定动作时，实际上只是对动作本身过程的否定，如"不看电影"的肯定式是"看电影"，"看"后没带"了"。

　　非定量动词最典型的数量特征是离散性，表现在动词后面可以自由地加动量补语、时量补语、结果补语、动态助词"了"等，如果动词后面带宾语，则表现为宾语可以自由增删数量成分。这些都表明非定量动词后面跟有数量成分或结果补语时，动词所代表的是一个个完整的动作，它们是离散的，只能用"没"否定，如不能说"不看清楚"或"不看三回"。

　　此外，吕叔湘（1985）也对"不""没"的否定分工作了阐述。他指出："要是我们的注意点在动作性（做不做这件事），我们用'不'；要是我们的注意点在他的事变性（有没有这件事），我们用'没'。"

　　以上关于量的分析主要综合了石毓智（1992）的研究成果，在阐述时除了参看了徐通锵（1997）的部分观点之外，也加入了不少自己的见解。我们的目的就是为下文分析"V单＋完"做好理论铺垫。

三　动补结构的否定与一般动词否定的差别

"V单＋完"的否定格式有：

1. 不＋V单＋完
2. 没＋V单＋完
3. V单＋不＋完
4. 还没＋V单＋完＋呢

　　格式3是动补结构"V单＋完"的可能式，如例（1）。格式4则表示委婉的语气，含有"说话时仍在做"或"打算继续做""争取完成"

的意思，如例（2）。

（1）今天老师布置的作业太多了，两个小时都做不完。

（2）我的字还没有写完呢，等一会儿再去睡觉。

下面我们将着重讨论 1、2 两种格式的区别。一般动词的否定，如"我看书了"的否定形式是"我没看书"，否定的是"看"这一动作，否定后表示这一动作没有发生；而动补结构的否定则不同，否定的是补语所代表的结果，而不是否定动词所代表的行为，如"他没吃完那个苹果"的意思是苹果还剩下一些，"吃"的行为已经发生，只是没有完成而已。再如"他没有做完那些数学题"的意思是还剩下一道或两道题没做，即已做了一部分，只是没做完罢了。总之，动补结构的否定与一般动词否定的差别，可以从下图中清晰地看出：

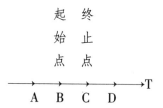

在时间轴 T 上，B 是起始点，C 是终止点。如果从事件的发生来看，B 的左边不包括点 B，是"没 V"；BC 之间不包括点 B、点 C，是"V 了"但没"V 完"；C 以后包括点 C，是"V 完"了。

一般动词的否定，是否定 B 以后的部分包括起始点 B，即否定动作开始；而动补结构的否定，则是否定动作的终止点 C，即动补结构的否定的范围等于 B 到 C 的任何一点，包括 B 点，如"这本书我刚开始看，还没看完"。但不包括 C 点，因为 C 点表示动作刚结束，这与否定结果（完成）正好相反。

结果补语是表示动作的结束或完成，它是对前面动词有离散的作用，使定量动词变为非定量动词。根据"不""没"的否定分工，我们认为结果补语的否定词只能是"没"。但在假设条件句中，结果补语也可以用"不"来否定（朱德熙，1982；吕叔湘，1985；石毓智，1992）。如：

（3）不写完作业不能出去玩儿。

（4）不打倒敌人，我们绝不停止战斗。

下面我们来看一下否定动补结构时，"没"与"不要"的区别。"不要"是表示禁止和劝阻义的副词。"你吃完了那个苹果"的否定形式有"你没吃完那个苹果"和"你不要吃完那个苹果"，我们认为两者的区别在于：首先，加入不同的否定词，句子类型发生不同的变化，"你没吃完那个苹果"仍然是陈述句，而"你不要吃完那个苹果"则由陈述句变成了祈使句。其次，前者是行为已经发生并且动作已经停止了，是已然的，如例（5）；而后者却可能正在进行，是未然的，即说话时可能还在吃，如例（6）。

（5）还好，你没吃完那些苹果，要不然的话，你肯定会感到肚胀。

（6）不要吃完那些苹果，留两个给你弟弟。

四 "V 单"为非自主动词时否定词的选择

董秀芳（2004）认为，"V 完"中的动词不能是非自主的、非可控的，如不能说"病完""丢完"等。我们认为不能笼统地说"完"不能与不自主的、非可控的动词搭配。根据前文的分析，董所说的"完"应该是我们所说的"完1""完2"，因为"完3"是可以和非自主动词搭配。

我们可以说"老师昨天讲的我没有忘完"，但不能说"老师昨天说的我不忘完"，这是什么原因呢？仔细思考就会发现，这与动词"忘"有很大关系，因为它是一个非自主动词。自主动词从语义上说，就是能表示有意识的或有心的动作行为，即能由动作发出者主观决定、自由支配的行为动作。非自主动词表示无意识、无心的动作行为，即动作发出者不能自由支配自己的动作行为（马庆株，1989）。自主动词可以用在祈使句中，但是非自主动词则不能用在祈使句中。如可以说：走！出去！坐下！因为这些都是可以由某个主体控制的动作；但不能说：塌！病！跌！因为这些动词表达的动作行为，都不是主体可以控制的。

　　由此可见，"忘"是非自主动词，"忘"与"不忘"，"忘完"与"不忘完"不能由自己来控制，所以"忘完"所谓否定性形式只能用"没"，不能用主观性很强的"不"来否定。能与"完3"搭配的其他的非自主动词还有"烂、断、塌、死、丢、垮、疯、聋、瞎、瘫、忘、掉、灭、坏、陷"等（动词所在例句见第二章附录）。

　　词表：我们对《汉语动词用法词典》中能与"完"搭配的单音节动词进行了穷尽性的统计，共有 392 个单音节动词。

挨　安　熬　拔　掰　摆　搬　作　搬　办　拌　帮　绑　包　剥

抱　背　蹦　比　避　编　变　标　拨　补　擦　猜　裁　采　测

插　查　拆　缠　铲　尝　唱　抄　吵　炒　扯　撤　秤　乘　盛

吃　冲　抽　出　除　锄　穿　传　喘　串　吹　凑　催　存　搭

打　逮　戴　掸　捣　倒　登　滴　递　点　垫　钓　调　掉　叠

叮　钉（dīng）　顶　订　钉（dìng）　定　丢　动　斗　逗　读

堵　堆　对　蹲　夺　剁　发　罚　翻　放　飞　分　缝　扶　改

盖　赶　干　搞　割　给　耕　够　刮　挂　关　逛　滚　裹　过

喊　喝　合　哄　糊　花　划（huá）　化　划（huà）　画　还

换　回　会　和（huó）　和（huò）　挤　记　寄　加　夹　煎

捡　减　剪　见　讲　降　交　浇　教　嚼　搅　缴　叫　接　揭

解　借　紧　进　敬　救　举　锯　卷　掘　开　看（kān）　砍

看（kàn）　扛　考　烤　啃　抠　扣　哭　夸　捆　拉　捞　理

立　练　炼　量　淋　流　搂　漏　落　抹　骂　埋　买　卖　冒

描　摸　磨　抹（mǒ）　抹（mò）　磨　拿　挠　闹　碾　念　捏

拧　扭　弄　挪　爬　拍　派　排　榜　抛　跑　泡　陪　赔　配

喷　捧　批　劈（pī）　劈（pǐ）　骗　拼　评　泼　破　扑　铺

沏　骑　起　砌　掐　签　抢　敲　切　亲　请　取　劝　染　嚷

让　绕　惹　认　扔　揉　入　撒　洒　塞　赛　散　扫　杀　筛

删　扇　赏　捎　烧　赊　伸　审　渗　升　生　拾　使　试　收

受　梳　输　数　刷　摔　拴　涮　顺　说　撕　松　送　算　锁

抬　摊　谈　弹　叹　探　烫　掏　淘　套　腾　剔　提　剃　替

添　填　舔　挑　调　挑　贴　通　捅　偷　投　涂　吐　推　退

掀 咽 扎 住

下 演 造 煮

洗 腌 凿 种

吸 轧 宰 治

握 训 栽 指

问 学 砸 织

闻 选 扎 蒸 坐

喂 绣 运 照 钻

弯 修 邮 找 租

挖 谢 游 着 走

驮 卸 用 招 捉

托 写 赢 蘸 追

脱 歇 印 摘 装

吞 笑 摇 炸 转

褪 献 养 铡 抓

第五章

补语"完"的词汇化倾向

第一节 "词""短语"划界难的历史成因

"汉语复合词的组成成分之间的结构关系基本上是和句法关系一致的。句法结构有主谓、述宾、偏正、联合等,绝大部分复合词也是按照这几类结构关系组成的"(朱德熙,1982)。即汉语的一些结构关系(组合关系)横跨词法和句法两个层面,如动补复合词和动补短语。那么现代汉语中,词汇层面的词法与短语层面的句法为什么会相同呢?其成因又是怎样的呢?下面我们就来尝试分析造成现代汉语词与短语划界难的成因。

一 "双音化"与"词""短语"划界难之关系

由于语言的共时变异现象(variation)是历时演变(change)过程的反映。古代汉语的语音系统的变化,对我们所讨论的问题具有较大的启发意义。

上古汉语是单音节词占优势,那时候的语音系统比较复杂,有清浊相对的辅音,如b—p,d—t,g—k 等,还有 p、t、k 等辅音韵尾,这就使单音节的词能相互区别开来。后来(大约是在中古)由于浊音清化和辅音韵尾的逐渐消失等变化,语音趋向简化,汉语中出现了大量同音词,如"辨—变,道—到,柜—贵"等,这就使语音难以区分语义,并且汉语词汇系统中词语之间的区别性也逐渐模糊了,给交际带来了困难,因而需要用新的方式来解决由于语音简化而带来的难题。汉语的解决办法是增加词的长度,用双音节词的格局代替古代的单音词的格局,也就是词语的双音化,如"辨子—变化,道路—到达,柜子—昂贵"等。这样原来由于同音而造成的歧义就消除了。这正如王力先生(1984)所说的:"单音词的情况如果不改变，同音词大量增加，势必大大妨碍语言作为交际工具的作用。汉语词逐步复音化，成为语音简化的平衡锤。"

总之，汉语词语的双音化，一方面，分化了同音词，解决了口语中由于语音相同而给交际造成的歧义；另一方面，汉语词语由单音节到双音节（从记录语言的符号——文字来看，就是由一个汉字变为两个汉字），为了区分同音词，产生了双音化。

双音化的产生给汉语词汇系统带来了巨大的变化。汉语词由古汉语的以单音节词为主，发展到现代汉语的以双音节词为主。古汉语是以单音节词为主，那么大多数的单音节词与单音节词的组合便是句法组合，两个单音词之间是句法关系。而现代汉语是双音节词为主，那么大多数原本是古汉语的词与词的句法组合就降格为语素与语素的词法组合，即汉语词由古代的单音节的句法关系也就降格为语素关系。按照 Givón（1971）的"今天的词法曾是昨天的句法"，或许可以说"现代汉语的词法是古代汉语的句法"，即现代汉语的复合词内部的结构关系是古汉语句法结构关系的降格。由于上述的原因，这就造成了复合词与短语的划界难①。下面我们就来讨论句法成分的词法化。

二　句法成分词法化

"语法化"通常指语言中意义实在的词转化为无实在意义、表示语法功能的成分这样一种过程或现象，中国传统的语言学称之为"实词虚化"。语法化是通过研究历史过程来解释共时现象的，因为语言是发展变化的，它始终处在时间轴的某一点上，并继续随时间的向后推移而发展变化。如果我们在时间轴上历时地描绘汉语的发展脉络，就可以形式化为：

上古汉语 → 中古汉语 → 近代汉语 → 现代汉语 → 当代汉语

---

① 董秀芳（2002）则用原型理论（prototype theory）来分析汉语的"词与短语的划界难问题"。她认为复合词也是个原型范畴，是一个模糊集（fuzzy set），从句法到词法是一个渐变的过程，短语与词这两个范畴之间的边界是模糊的。在复合词范畴中，有些成员已经彻底词化，不再具有短语的特性，这是最典型的成员；而更为大量的形式是处于变化过程之中的，既带有短语的某些特征，又带有词的某些属性。其中有些成员已经具有很多词的性质，只残存了部分短语的特点，这是比较典型的成员；还有一些成员则只具有部分词的特点，还保留了大部分短语的属性，这是不太典型的成员。这就是说复合词内部成分之间的地位是不平等的，有着词化程度的级差。

可以说我们能听到的或正在使用的语言，都是在缓慢地进行着量的变化的，只是要很长时间才能看到它的质变罢了。如果利用哲学中的运动和静止的观点来分析语言。那么，一方面，语言的发展变化是绝对的，但是，语言是人们日常生活的交际工具的这一社会属性又决定了它的变化不可能是顿变的，只能是渐变的；另一方面，又可以说语言是相对静止的，如某个人生活的那个时代的语言。总之，语言是历时的绝对运动和共时的相对静止的统一。作为语法化领军人物，Hopper（1987）曾大胆地提出，根本没有什么语法，有的只是语法化。换句话说，没有现存的语法，只有在产生过程中的语法（沈家煊，1994）。

结合上面的分析，我们认为 Hopper 的观点有其可取之处，他看到了语言的历时演变过程，但他过分强调了语言的绝对运动变化（即语法化），而忽略了语言的相对静止。如果过分强调语言的变化看不到语言的相对静止，就会导致语言的不可认知论和不可掌握论。简而言之，过分强调历时和过分强调共时都是不可取的，科学的态度应该是两者的结合①。

语法化研究目前有两条主要的路子。一是着重研究实词如何虚化为语法成分；二是着重考察章法成分如何转化为非句法成分和构词成分。上面我们讨论了语法化的第一条路子，下面我们来看语法化研究的第二条路子，即着重考察章法成分如何转化为句法成分和构词成分。从这一方面研究语法化，成就最大的首推吉冯（Givón），早在 1971 年、1973 年他就先后提出了两个著名的论断，"今天的词法曾是昨天的句法"和"今天的句法曾是昨天的章法"（沈家煊，1994），也就是"章法成分句法化"和"句法成分词法化"。他认为虚化的触发原因是话语和语用上的种种因素造成的，虚化的发展过程遵循：

章法成分 → 句法成分 → 词法成分 → 形态音位成分 → 零形式

---

① 即"分久必合"。自从 20 世纪初索绪尔把语言学严格地区分为共时和历时两个平面后，几乎所有的语言学家都将热情和精力倾注于共时语言系统的描写和分析，语言的历时研究备受冷落。直到 20 世纪 70 年代，一些语言学家发现，很多共时的语法现象，不从历时的角度进行研究，就无法作出合理的分析和解释。于是共时研究和历时研究经过长期分离之后又开始结合起来（吴福祥，2006）。

三 历时事实的印证

下面就从历时词汇化的角度来证明吉冯"今天的词法曾是昨天的句法"的合理性。由于"汉语的句法结构有主谓、述宾、偏正、联合等，绝大部分复合词也是按照这几类结构关系组成的"（朱德熙，1982），所以我们就从古汉语的"联合、偏正、动宾、主谓、述补"短语降格（词汇化）为现代汉语的"联合、偏正、动宾、主谓、述补"双音节复合词，来进行论证。董秀芳（2002）较为详细地论述了从古汉语短语衍生的大量双音节复合词，我们下文的论证主要参照她的研究。

1. 联合短语 → 双音词

窗户

（1）a. 尺之户，二尺之窗，窗户之间，若为三尺之户，二尺之窗，窗户之间，载盈一尺。（后魏李谧《明堂制度论》）

b. 帝观书处，窗户玲珑相望，金铺玉观，辉映溢日，号为闪电窗。（旧题唐冯贽《云仙杂记》）

a 例中的"窗户"是并列性名词短语，指"窗和门"。在"窗户"出现的上文中，"窗"和"户"都单用，这证明"窗户"是一个短语，而不是词。b 例中的"窗户"已变成了一个名词，指墙壁上通气投光的装置。从后一个分句中单用"窗"字即知"窗户"成词以后相当于短语中"窗"的意义，而"户"的意义则失落了。此类词语还有"规矩、准绳、消息、描写、指挥"，等等。

2. 偏正短语 → 双音词

首饰

（2）a. 且夫沐去头垢，冠为首饰；浴除身垢，衣卫体寒。（《论衡·讥日》）

b. 戴金翠之首饰，缀明珠以耀躯。（曹植《洛神赋》）

以上两例中"首饰"是一个定中式短语，其中"首"是名词性定语，"饰"是一个名词，指"装饰品"。"首饰"作为短语，义为"头上的装饰品"。到现代汉语中"首饰"已变为一个名词，指女人身上戴的各种装饰品，不单指头上的装饰品，也包括身体其他部位的装饰品。在从短语到词的转变中，"首"的意义泛化了，由指头部变为指所有的身体部位。此类词语还有"先驱、轻视、后悔、品尝、武断"，等等。

3. 动宾短语 → 双音词

责备

（3）a. 人之才不能尽晓，天不以疑责备於人也。（《论衡·感类》）

b. 然《春秋》之法，常责备于贤者。（《新唐书·太宗纪赞》）

c. 时辽事方棘，上疏责备群臣。（《明史·周宗建传》）

以上 a、b 两例中的"责备"是动宾短语，"责"是一个动词，义为"要求"；"备"在这里是一个抽象名词，义为"完备"。整个短语义为"要求完备"。c 例中的"责备"已黏合成一个动词，义为"谴责、批评"，与现代汉语中的"责备"相同。此类词语还有"关怀、注意、设计、流言、尽力"，等等。

4. 主谓短语 → 双音词

政治

（4）a. 三后协心，同底于道，道洽政治，泽润生民。（《尚书·毕命》）

b. 子墨子曰：古圣王，执有祥不详。是以政治而国安也。（《墨子·公孟》）

c. 乃言以赏罚感动皇天，天为寒温以应政治乎？六情风家言："风至，为盗贼者感应之而起。"（《论衡·变动》）

以上 a、b 两例中的"政治"是一个主谓短语，意思是"政事处理得当、政治安定"。其中"政"是一个名词，作主语，义为"政事、政策"；"治"是一个形容词，义为"安定、井井有条"，与"乱"相对。c 例中的"政治"已词化为一个名词，义为"治理国家所施行的一切措施"。此类词语还有"海啸、眼花、眼红、头晕、面熟",等等。

5. 述补短语 → 双音词

改善

(5) a. 或问其故,烈曰:"盗惧吾闻其过,是有耻恶之心。既怀耻恶,必能改善,故以此激之。"(《后汉书·独行传·王烈》)

b. 柔加要姑母喜欢自己的丈夫,常叫鸿渐替陆太太牵狗出去撒屎拉尿,这并不能改善鸿渐对狗的感情。(钱钟书《围城》)

以上 a 例中"改善"是指德行上的变好,其后不能带宾语,可认为还是短语。b 例中的"改善"已变成了一个及物动词,后带上了宾语,义为"使变得更好"。此类词还有"打破、扩大、改良、降低、拔高",等等。

第二节　动补结构:"词"还是"短语"

一　"词"与"短语"的区分方法

上一节已分析了,由于汉语的词与短语的内部构造方式基本相同,这就形成了汉语中的"老大难"问题之一——词与短语的区分。从整体上来看,前人区分"词"与"短语"的依据不外乎形态标准、语音标准、语义标准,或者是某种综合标准。使用的方法也总不外乎"有没有某种形态标准""替代法""插入法"或者"是不是属于同一个重音单位""有没有语音停顿""整体意义是不是等于组成部分以意义之和",等等(胡明扬,1998)。下面我们来看几种主要的区分方法。

朱德熙(1982)用扩展法来区别"词"和"短语",具体分析见下一节。吕叔湘(1979:17)为了区分语素组合成的是词还是短语,提出了五个标准:

1)这个组合能不能单用,这个组合的成分能不能单用;

2)这个组合能不能拆开,即这个组合的成分能不能变换位置或者让别的语素隔开;

3）这个组合的成分能不能扩展；

4）这个组合的意义是不是等于它的成分的意义的总和①；

5）这个组合包含短少个语素，也就是它有多长。

王洪君（1994）以"字"为本位，从字与字组这一全新的角度，来看汉语的词和短语。她认为所有两字组，从"成词性"的强弱来看，形成一个非离散的"序列"：一端成词性强，都是一些凝固形式；另一端成词性弱，都是一些松散形式；两端之间存在大量的中间过渡状态的形式，很难一刀切出"词"和"短语"的界限。

董秀芳（2004）从词库（lexicon）和词法（morphology）两个方面，来区别词和短语。她认为词汇系统的运作需要两个部分，一是词库，二是词法。词库与词法的区别在于：词库是显性的，可以直接观察的，具有能产性；而词法规则则是隐性的，较难于观察。董认为，那些内部不可分析或内部构成模式不具有能产性的是词，那些能产性较高的词法模式构成的应看成短语。

二 动补结构是"词"与"短语"的讨论

朱德熙（1982）说："带结果补语的述补在结构功能上相当于一个动词，后头可以带动词后缀'了'或'过'，例如：学会了开车/打破了一个/看见过鲨鱼/从没喝醉过。从这一点看，这一类述补结构跟述补复合词没有什么不同。"接着朱先生用能不能加"得"或"不"继续扩展来区分述补结构和述补式复合词，能加"得"或"不"扩展的是述补结构，不能扩展的则是述补式复合词。

吕叔湘（1979：21）认为，那些没有加进去"的、地、得"因而它的成分不能扩展的组合，它们的地位介乎于词和短语之间。为了和能扩展的短语（洗干净/洗得十分干净）、不能扩展的复合词（看重、改正、加强、扩大）区分开来，只好把这种短语式的词简单点叫作"短语词"。

---

① 吕叔湘（1979：19）指出，向来有一种意见，认为如果一个组合的意义等于它的成分的意义的总和，那么这个组合是一个短语；如果不是这样，这个组合就是一个词。也就是说，已经发生了意义的扩大或缩小，那么这个组合只是词。常被用来作为说明的例子是"吃饭"。如果是吃米饭的意思（我吃饭不吃面条），它是个短语；如果指吃馒头、面条、饺子，即"进餐"的意思（12 点了，我该回家吃饭了）或泛指生活或生存（靠打猎吃饭），那就是词。

　　吕文华（2001）在分析动补结构时说，国内外语法学界分歧最大的是黏合式动补结构：有的说是句法结构，是动词加补语构成的短语；有的说是词，是动结式复合词、动趋式复合词和动介式复合词；有的说是词和短语之间的过渡成分，是短语词。吕文华赞成吕叔湘（1979）的动补短语是短语词的说法，认为动补结构兼有词和短语的双重特性。

　　胡明扬（1998）在有关双音节动补短语是词还是短语时，他给出的"处理意见"是：凡是补语在语义上不修饰动词，而实质上是另一个谓语的按理不应该是"词"，如"走累了"的"走累"，"吃饱了"的"吃饱"，等等。如果动补结构中补语是修饰动词的。如"拉住""吃完""扔掉"，等等，后面的补语是有限的一些常常用做补语的"补词"，按理应该算"词"。

　　石毓智（2001）参照了 Bybee 等的图式（如下）：

句法关系—非附着语法成分—形态标记—派生形式—词汇化

　　他建立了一个"融合度标（cline）"，用来刻画不同类型的动补结构的句法或语义特征：

句法组合　　动词 + 附着补语　　复合动词
→

　　左端的是句法组合，即述语和补语是词与词的短语关系，所谓的"句法组合"的动补结构，是两个成分的关系疏松，不能带上受事宾语，如：学怕→学怕数学；看歪→看歪那张画。

　　中间的"动词 + 附着成分"具有复合动词的性质，可以带上受事宾语，但与真正的复合动词还是不同的，它的搭配具有能产性和临时性，即拥有句法格式的特点，其意义也可以从其构成成分直接推出，如：吃饱→吃饱饭；看完→看完书。

　　右端的是融合度最高的复合动词，这类动补短语已经完全融合成单一的动词，人们一般不再把它们分开来理解。它们通常被收入辞典作为一个词条，而且它们的意思也不大能从两个构成成分中推导出来，如：说明→解释；抓紧→充分利用时间。

　　综合上面几位专家的研究，我们可以看出，他们看问题的角度是有差别的。吕叔湘和吕文华是从动补结构的特征来说的，进而把动补结构取个兼有词和短语特性的名字"短语词"。朱德熙先生是利用传统的区分词与短语的方法——扩展法：能扩展的是短语，不能扩展的是词。胡明扬的观点最为大胆，认为动补结构中补语是修饰动词的，按理应该算"词"，认为"补语"往往处在虚化过程中，有的则和动态助词非常接近，这一点很有意义，我们下文也会用到。石毓智是从历时的角度动态地来看这一问题的，从而提出了融合度由低到高的连续性。石的观点很有意义，值得借鉴。下文我们也将从历时的角度出发，结合语法化理论，动态地探讨这一问题，并结合上文引述的例子，尝试指出同样是动补结构，为什么有的结构关系疏松，是句法关系，有的是复合动词，而有的却是中间状态。下面就结合动结式"V 单 + 完"来发表我们的观点。

第三节　"V 单 + 完"是词、短语、短语词

一　"V 单 + 完"的动态性

按照上文石毓智所说的，"V 单 + 完"中的完是"附着结果"成分，可以和各种各样的动词搭配。两个成分结合紧密，具有复合动词的性质，可以带上宾语。但与真正的复合动词还是有所不同的，搭配仍具有能产性和临时性，具有句法格式的特点。

硬要把"V 单 + 完"确定为词、短语或短语词，这采用的是语言研究中常用的形式逻辑。形式逻辑的三个基本规律是同一律、矛盾律和排中律。其中的排中律要求形式逻辑的判断只能有两个值：真和假，要求结论说一不二，对象的分类非此即彼，不允许用中间地带。但是世界上万事万物都是互相联系、互相统一的，人们在给事物分类（即范畴化）的过程中，采用一刀切，即非此即彼，这是不科学的。"关于词与短语区分难的情况可以说无处不在，非要'说一不二'是不可能的，也是不合理的，因为'词'与'非词'的界限不清楚是客观存在的。"（胡明扬，1998）其实，吕叔湘在二十多年前（1979：10）就指出："由于汉语缺乏发达的形态，许多语法现象就是渐变的而不是顿变。在语法分析上就容易遇到'中间状态'。词与非词（比词小的，比词大的）的界限，词类的界限，各种句子成分的界限，划分起来都难以处理为一刀切，这是客观事实，无法排除，也不必掩盖。"

美国控制论专家、加利福尼亚大学教授 L. A. zadeh 提出的"模糊集

合（fuzzy set）"，在理论的影响下产生了模糊逻辑，这给传统的形式逻辑提出了挑战。模糊逻辑是多值逻辑，对于中间状态的处理，不像传统逻辑那样非此即彼了，而是利用隶属度的概念，看其在多大程度上属于某一类，在多大程度上不属于某一类。这样就保证了研究的结论更细致、更全面、更精确（石毓智，1992）。这正如范继淹（1985）所说的："任何分类都很难做到泾渭分明，总是两头清楚，中间模糊，只能求其最大限度地缩小中间的模糊状态。"或许模糊逻辑的隶属度会给我们确定"V 单 + 完"是词、短语还是短语词提供一个新的视角。前面吕先生可能就是从隶属度的角度把"V 单 + 完"归为短语词的，"V 单 + 完"在一定程度上有词的属性，隶属于词，但同时它又有短语的特性，又隶属于短语，于是就采用折中的办法把它叫作短语词。

当然采用模糊逻辑给"V 单 + 完"分类还是共时的，如果从历时的角度来看这一问题，那么"V 单 + 完"正处在由短语向复合词漂移的过程之中（见后面的分析）。

二　"V 单 + 完"词汇化倾向及动因

动结式"V 单 + 完"的词汇化是有可能的，因为动补结构是汉语语法系统中一种能产性非常高的构词模式（构成动补式复合词），日常生活中经常用到的词语，如"吃完、喝完、看完、说完、洗完、干完、唱完、读完、做完"，等等。这正如张世禄（1956）所说的："常用的词组，往往经过凝固或缩略作用，转变作词。这样从词组的凝固或缩略，变成为词，正是词产生的重要方法之一，也是语言本身发展的重要趋势之一。"下面我们就来尝试分析"V 单 + 完"词汇化倾向动因，或者说为什么汉语中双音节短语会给人一种"词感"。

1. 短语关系的降格

汉语中有些句法结构，随着历时的演变而逐渐成为一个固定词语或短语，最典型的就是现代汉语的复合词大部分都是由原来的句法上的短语演变而来。当然这就造成了现代汉语中大量的复合词与短语的划界难问题。这是因为古汉语是以单音节词为主，单音词与单音词的组合是句法组合；而现代汉语是以双音节词为主，古汉语的单音节词到现代汉语则成了单音节语素。由古汉语的"单音节词与单音节词的组合"变为现代汉语的"单音节语素与单音节语素的组合"，即由古汉语句法层面问题变为现代汉语词法层面的问题。所以，在古汉语是词与词句法层面的组合关系，在现代汉语中则被看成是语素与语素词法层面的组合关系，也可以说，由于原来句法层面边界消失（boundary loss）而进入了词汇层面，成为复合词。

以上的分析或许可以用来预测"V单+完"的词化倾向，即"V单+完"由于古汉语句法层面的动补短语的分界消失，而降格为词汇层面的动补式复合词。

2. 认知心理解释

认知语言学认为，语言结构是客观世界结构的反映，即语言结构与客观世界结构是相一致的。熊学亮（1999）曾提出："在语言使用中，如果语言单位与所要表达的目标结构（按：即客观世界的结构）一致时，语法认可用法，有关的语法块自动激活，无须语用者多花任何附加努力。"他所说的语法块，我们认为，既包括较小的语法单位，如词、短语，也应该包括大一些的语法单位，如句子。由于语言经济性原则（或个人的惰性），人们在利用语言进行表达时，不可能每次都严格地按照话语的"自下而上"（down to top）的生成规则：由词到句子，由单句到复句，由复句到篇章。为了方便，于是人们就经常直接使用已经组合好的短语（如成语、类固定短语）或句子（问候语、谚语）来表达自己的思想。由于这些短语使用的频率非常高，人们在使用时就把它们看为一个整体，不再去关心其内部结构，这就是所谓的语用现象语法化或凝固化①。

那么，使用频率非常高的"V单+完"是否会像上面所叙述的那样，也发生语用现象语法化，即"V单"与"完"之间的边界消失（boundary

---

① 索绪尔（1980：248，249）的"黏合"与我们所讨论的语用现象习惯化有相似之处。"黏合是指两个或者几个原来分开的但常在句子内部的句段里相遇的要素互相熔合成为一个绝对的或者难于分析的单位。"他在论述黏合变化产生的心理机制时指出："当一个复合的概念用一串极其惯用的带有意义的单位表达的时候，人们的心理就会像抄小路一样对它不作分析，直接把概念整个附到那组符号上面，使它变成一个单纯的单位。"Lyons（1977：536）也认为，任何一个按照常规组织起来的表达一旦在某种特定的情境下使用过，在后来的话语种就可能被同一个说话人或其他的说话人当作一个现成单位再次使用；使用的频率越高，就越有可能固化为一个固定的表达式，说母语的人就越有可能把它储存在记忆中，而不是每到用的时候都临时组织。

loss) 而重新分析 (reanalysis) 为一个动补复合词呢? 我们认为这是有可能的[①], 当然最终的答案还要靠时间来证明。

　　3. 从韵律词角度的解释

　　双音节的"V单＋完"正好符合韵律构词学中的一个标准音步, 而一个音步槽 (slot) 中的两个单音节成分之间的关系是非常紧密的, 极易发生边界消失, 进而发生词汇化。这正如冯胜利 (2000) 所说的: "音步是语境中最基本的韵律单元, 具有一种'桎梏作用', 处在一个稳定的音步中的两个成分必然会被音步紧紧地'桎梏'起来, 趋向'词化'。"

　　Hopper & Traugott (1993) 认为, 在双音化趋势的作用下, 两高频率共现的单音节词就可能经过重新分析而削弱或丧失其间的词汇边界, 结合成一个双音节的语言单位, 这个过程叫"复合化"。吴为善 (2003) 认为, 从本质上说, "双音化"指的是两个音节构成基本韵律单元 (音步) 的倾向, 在这个韵律单元的作用下, 两个紧邻出现的单音节词就有可能"复合"成为一个语言单位。一个音步槽内的两个高频共现的韵律词"V单＋完", 在双音化的趋势作用之下, 经过重新分析而丧失"V单"与"完"之间的词汇边界, 进而复合成一个双音节的动补复合词, 这是很可能的。当然最后的完成还需要相当长的时间。

第四节　"短语词"的认知解释

　　通过上面的分析, 关于动结式到底是词、短语、还是短语词这一问题, 我们认为如果用共时的眼光静态地看, 它目前还是短语, 但是如果采用历时的眼光动态地看, 即从语法化的角度看, 那么动结式正处在向复合词漂移 (drift) 的过程中, 即:

$$AB \rightarrow A—B \rightarrow B$$

　　左端的 AB 为内部关系明确的短语, 右端的 B 为词, 中间的 A—B 内

---

　　①　董秀芳 (2002: 45) 认为句法单位变为复合词的过程, 实际上可以看作一个心理组块造成的重新分析过程。当构成一个句法单位, 或虽不构成一个句法单位, 但在线性顺序上紧邻相接的两个词, 由于某种原因经常在一起出现时, 语言使用者就有可能把它们看作一体来加以整体处理, 而不再对其内部结构作分析, 这样就使得二者之间原有的语法距离缩短或消失, 最终导致双音词从旧有的句法构造中脱胎出来。

部关系模糊，兼有词语与短语双重性质，或许就是吕叔湘（1979）所说的短语词。

或许我们也可以用以下的图式来表示：

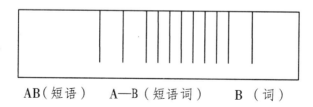

AB（短语）　　A—B（短语词）　　B（词）

以上 AB 的区域代表的是内部关系界限明确的短语，B 区域代表的是内部关系紧密的词，中间 A—B 区域代表的是内部关系模糊的短语词。从左向右，短语不断向词靠拢，短语内部构成成分的关系越来越紧密；从右向左看，词不断向短语靠拢，词内部构成成分的关系越来越疏松。短语和词在中间交汇，形成了内部关系模糊的短语词。假如短语和词的内部构成都用 X、Y 来表示，那么在 A 区域，X、Y 都是能独立自由运用的语言单位——词；在 B 区域，X、Y 都是构词的自由语素；在中间的 A—B 区域，X、Y 则可能是词与构词语素（或自由语素与黏合语素）的结合。

第六章

补语"完"的虚化

第一节　完成体标记"了"的虚化过程

梅祖麟（1981）指出，六朝时期产生了"V1 + O + V2"这种完成体句式，其中 V2 是"结束、完成"义动词。从魏晋前后起，在完成体句式"V1 + O + V2"中用于 V2 的动词还有"毕、讫、已、竟"。从魏晋到晚唐，"V1 + O + V2"中的完成动词，可以用"已、讫、毕、竟"。换句话说，动词"了"可以和同义词"已、讫、毕、竟"在上述结构中互换。到了晚唐五代，也就是近于 952 年的《祖堂集》成熟的时代，"了"的出现频率要大大高于"已、讫、毕、竟"。此后，"了"在 V2 位置上占据的优势愈加明显，并最后总归并了"已、讫、毕、竟"，即：

> V + O + 了/毕/讫/已/竟　>　V + O + 了

词汇归并过程结束之后，紧接而来的是结构变化，即宾语移到第二动词之后。

> V + O + 了　>　V + 了 + O

至于"了"从宾语之后移到宾语之前的动因，梅祖麟（1981）提到一个类推过程，他认为"了"的前移是受述补结构的类推作用而发生的：当时的述补结构有"V + O + R"和"V + O + 了"两种不同的语序，述补结构中的结果补语 R 跟"了"的性质相类似，也是一个表达完成体的动词。后来"V + O + R"格式中的 R 移到宾语之前，受类推影响，"V + O + 了"格式中的"了"也前移到动宾之间。石毓智（2003）指出，一个动补结构由句法层面向形态层面的过渡需要两个辅助条件：　是运用的时间足够长；二是出现的频率足够高或使用的范围足够广。上面的"了"能够归并"毕、讫、已、竟"，可能就是因为"了"出现的频率高，适用的范围广。

以上我们描绘出完成体标记"了"由动词到助词的虚化过程，下面我们将在"了"的基础上，预测现代汉语动结式"V 单 + 完"中"完"的虚化情况。

1）动词"了"因为使用频率高而归并了"毕、讫、已、竟"，并最终虚化为完成体的标记。如果"毕、讫、已、竟"四个动词和动词"了"的使用频率相仿而没有被动词"了"归并，那么这四个动词是否也将和动词"了"平行虚化为完成体的标记呢？

2）由于现代汉语的"V 单 + 完"中的"完"也表示动作的结束、完成，它和被"了"归并的这四个动词的意思相同，但现代汉语的"完"并没有被完成体标记"了"所归并，其原因是什么？

3）"完"将来有没有可能完成"毕、讫、已、竟"这四个动词的"遗愿"，而虚化为完成体标记呢？

第二节　"完 1"的虚化方向

前文分析到，指向动词的"完 1"是表示某种行为动作的结束、完成，与体标记"过"的意思相当。那么表示动作完成、结束的"完"不是向完成体标记"了"虚化，而是向经历体"过"虚化呢？石毓智（2000）指出，"过"既然指的是行为的"终结点"，那么可以推知它就有表示"完成"的语法意义。石指出汉语中真正表示"完成"的体标记是"过"，而不是"了"。"过"指示其前的行为曾经经历过（过去完成）或将要经历（将来完成），例如"他吃过芒果""明天中午我吃过饭再来"等。

刘勋宁（1988）用很大篇幅说明，现代汉语词尾"了"表示动作的完成是不准确的，他认为词尾"了"（也就是"了1"）的语法作用是附在动词、形容词以及其他谓词之后，表明该词义所指处于事实的状态下，词尾"了"的语法意义是实现体，并不是完成体（概念关系上，"实现"

与"完成"所指范围是交叉的)。跟我们前文分析的"完2"一样,作者也认为北京话的"V 单 + 完"是一个歧义格式。完既可以指动作本身的完成,也可以指动作对象的完成。比如:

（1）a. （有话）吃完再说——指动作

　　　b. （饭）吃完再添——指对象

（2）a. （板凳）使完了还给我——指动作

　　　b. （钱）使完了就找我要——指对象

并且作者指出,这两种意义的区别是靠不同的补语成分来区别的,如动作完成用"毕、罢、过"等,动作对象完成用"完、掉"等。为了证明词尾"了"是表示动作的完成不准确,作者举例把"V 单 + 完"和"V 单 + 了"进行对比。为了说明问题的需要,我们只引述三例。

（3）a. 见完了他还真有点儿害怕呢

　　　b. 见了他还真有点儿害怕呢

以上 a 句的"怕"是在动作完成之后,"见"的当时可能感情冲动,忘乎所以。b 句的"害怕"则是在实现动作的当时,过后想象,可能反而觉着没什么可怕的。

（4）a. 好容易当完兵

　　　b. 好容易当了兵

以上 a 句是说结束当兵生活不容易,b 句是说当上兵不容易。

（5）a. 忙完了我就来找你

　　　b. 忙了我就来找你

以上 a 句找的时间是在"忙"结束之后,b 句找的时间恰恰相反,是在正忙的时候。

以上我们借助前人的研究,分析了"V 单 + 完"与"V 单 + 了"的区别：即"V单+完"中的"完"表示动作的结束；"V单+了"的了表示实现体，即某种动作或性状成为事实。通过引例，我们可以看到两者的显著区别。前面我们分析了"完1"的意义与体标记"过"的意义有相重叠的一部分，即都表示动作的完成，如：

> （6）吃完饭就走＝吃过饭就走
> （7）吃完饭＝吃过饭

但也有区别的一面，如上面所引的三个例子。如果"V单+完"中的"完"向体标记虚化的话，它是不会像古汉语的"毕、讫、已、竟"四动词那样被"了"归并的，因为"完1"与"了"在意义上是有差别的。那么"完1"会不会向经历体标记"过"靠拢，而被"过"归并呢？我们认为有可能，因为"过"的意思蕴含了"完1"的意思，就如石文所指出的，"过"包涵了两种完成体：一是过去完成，二是将来完成。

吕叔湘主编的《现代汉语八百词》把"过"分为一般动词和趋向动词的"过1"，以及动态助词的"过2"。而动态助词的"过2"分为三种情况，其中之一就是用在动词后，表示动作的完毕。如：

> （8）吃过饭再回去。
> （9）赶到那儿，第一场已经演过了。
> （10）等我问过他再告诉你。

其次是用在动词后，表示过去曾经有这样的事情。如：

> （11）这本小说我看过。
> （12）去北京的事他跟我提起过。

最后是形容词带"过"。如：

> （13）他小时候胖过。
> （14）前几天冷过一阵。

当然，上面的第一种用法中的"过"是补语动词即"过1"，第二、第三种用法中的"过"都可以看成时态助词"过2"，表示经历体。

孔令达（1986）把《现代汉语八百词》中动态助词"过2"的前两种分为补语动词"过1"（用在动词后，表示动作的完毕）和体态助词"过2"（用在动词后，表示过去曾经有这样的事情）。

刘月华等著的《实用现代汉语语法》也认为动态助词"过"表示曾经发生某一动作、存在某一状态，但现在该动作已不再进行，该状态不存在。因此"过"表示"曾然"（按：即"过2"）。而结果补语"过"表示"完结"（按：即"过1"）。

下面我们来看一下本小节开头引用石毓智的话，他认为汉语中真正表示"完成"的体标记是"过"，而不是"了"。从上面的论述可以看出，他这里所说的"过"准确地来说应该是补语动词"过1"。此外，他所举的例句似乎也有一些问题，因为"他吃过芒果"中的"过"应该是"过2"，它主要是表示动作的经历或过去曾经有这样的事情，而不是表动作的"完成"。

第三节　"完1"向体标记虚化的依据

前文分析到，动结式"V单+完"中的"完1"只指向动词，这就符合石文所分析的补语向体标记虚化的条件。当然仅仅符合这一条件，还不能确定"完1"在多大程度上能向体标记虚化。石毓智（2003）指出："每个动补结构从句法关系变成形态关系都需要一定长度的时间和特定的句法环境。"我们认为"完1"向体标记虚化不是不可能，只是需要相当长的时间，前文分析动词"了"向体标记的虚化，就经历了一千多年的时间，因而"完1"的体标记虚化道路还很漫长。

语法化需要句法环境。汉语有主、谓、宾、定、状、补六大句法成分，这些句法成分在句子结构中的地位是不同的，其中主、谓、宾是核心成分，主要由实词来承担的句法位置。定、状、补为非核心成分，词汇意义实在或不太实在的词都有进入的可能。因此，词语在这些句法位置上发生语法化的可能性也不相同。其中补语和状语的位置最容易发生语法化。当然要发生语法化，语用的因素是必不可少的。前文把"完"分为"完1""完2"就与词语的搭配频率有很大关系，或许也可以说"完1"

"完2"的区别是共时语法化造成的。"吃完饭，喝完酒"等在日常生活中使用频率非常高，"完"只指向动词，一般情况下，人们听到"吃完饭"，只把它理解为"吃过饭"，并不会考虑饭有没有被吃光。在现代汉语中，"吃完饭"中"吃完1"的融合度比"吃完2"的融合度要高，而且"吃完1"给人一种感觉，即完的语音开始部分弱化，即"V单＋完"的语音重心开始前移。也就是说，"V单＋完"的重音模式就经历了：×
×→×、，这样后面的×就可以发生虚化。那么，"完"与V单的关系也就从句法层面变为形态层面，即：句法层面 → 形态层面。

石毓智（2003）也认为双音节动补结构的轻重音格式通常为：重音 ＋轻音。第一个语素负载一个重音，第二个语素则倾向于弱化而成一个轻音。受这种双音格式的影响，两个语素在融合成一个复合词的过程中，第二个语素的语音形式常常会弱化。动补结构中，补语的语音形式容易受到弱化，因为它们时常位于一个短语的第二个音节的位置。作者还认为，补语成分语音弱化的可能性大小与它们的使用频率成正比（按：我们认为"吃完饭""喝完酒"由于使用频率非常高，所以语音弱化最明显）。例如，体标记的语音形式弱化程度最高，"了"和"着"不仅失去了调值，而且韵母也弱化为一个最含混的央元音，这与该类词高频率用于动词之后有关。经常作结果补语的"完""好"和"掉"等，不仅语义已经大大虚化，而且语音形式也弱化了，失去了独立的调值，与动词的搭配也相对较为自由。也可以把它们看成准体标记。

龚千炎（1991）认为，现代汉语中，"了（liǎo）、完、掉、或、好、着（zháo）、住、到"等跟在主要动词之后虽然也有些表示时态的意味，但它们是以词汇意义的方式来表现的，并未虚化为表时态语法范畴的词法手段。其实换一个角度，也未尝不可以说"了、着、过"原来也是这些表示时态的词汇手段中的成员，后来它们在很多的词汇手段中脱颖而出，被人们广泛应用，经过长期演变虚化而成了目前唯一的专门时态标记。

当然"完1"随着语音的弱化，有没有从词汇手段中脱颖而出，经过长期演变虚化而成为将来的时态标记，我们也不能排除这种可能性。

第四节　"完2"与"V单"的融合

本节将讨论以下四个问题：词汇化的简单定义；"完2"词汇化的可

能性;"完 2"虚化为类词缀;从韵律角度看"V 单 + 完"的词汇化。

一 体标记不能词汇化的原因

词汇化的定义,目前还没有定论,不同的研究者从不同的角度出发,作出不同的定义。赵艳芳(2001)认为:"词汇化,即短语或句法结构逐渐固化而形成单词的过程。"董秀芳(2001)将由非词形式转变为词的现象称为"词汇化",她是采用宽泛的标准来给"词汇化"下定义的(见董秀芳,2004)。王灿龙(2005)说:"随着研究的深入和发展,人们开始注意到语言演变中的另一种现象,即一个短语或由句法决定的其他语言单位在经历了一段时间之后,其自身变为一个稳固的词项,并进入基本词汇或一般词汇,人们称这一过程或现象为词汇化。简而言之,词汇化就是一种句法单位或词的凝固化。"以上的定义虽有差异,其实质是一样的,赵的定义是着眼于语法单位中从大单位到小单位变化的过程,王的定义描绘出词汇化的过程,董采用了宽泛的定义。

那么,为什么向体标记虚化的"完 1"不能词汇化呢?吴为善(2003)认为双音化一方面有"融合"的作用,双音化的"融合"主要体现在构词层面,在汉语中双音节词中真正能产的,是处于一个双音节韵律单元中的两个成分"融合"为双音节词,这才是双音节化导致的直接结果。但如果把视点转向句法层面情况就不那么简单了。吴认为,双音化导致的结果是"分化",即处于一个双音节韵律单元中的两个高频率共现成分,由于其中一个虚化为功能性成分而具有独立性,那么它们在语言使用中只可能是两个单音节成分的共现,不可能"融合"为一个单位。

就目前研究成果来看,人们还没有发现由典型的体表记成分演变为词汇项的,只在部分黏着语中发现了一些后缀成分演变成词汇项的现象。如在 Basque 语中, – tasum 本是个用于构成抽象名词的后缀,eder 意为"美的",加后缀 – tasum 构成 edertasum,意为"美,美人"。但后来,tasum 被绅绎出来变成一个独立的词:tasum,表示美。即便如此,词缀成分的虚化程度到底有多大,也还是一个仁者见仁的问题(王灿龙,2005)。

吴福祥(2005)也认为汉语的完成体和进行体并非词汇范畴,因为第一,"了""着"表示的"完成进行"是一种抽象、概括的语法意义而非具体、特指的词汇意义,换言之,它们表达的是一种"关系概念"而非"具体概念"。第二,体表记"了""着"显然是一个典型的语法语素而非词汇语素。第三，体标记"了""着"的使用具备强制性，但其可选择性显然很低。吴先生认为，"了""着"不是词缀（动词词尾/后附成分），首先，词缀根据定义是一个词的构成部分，而"X了""X着"显然不是一个词。其次，词缀对词干的类别有很强的选择性，比如英语过去时词缀-ed只能附着在动词之上，而汉语的"了""着"可以接在动词、形容词之后，而且"了"还可以附着于述补结构（如"买到了一本书"），甚至四字格熟语之后（如"他们俩钩心斗角了一辈子"）。

但是事情好像并不是像上面所说的那么简单，因为现代汉语中出现了体标记"着""了"与其前的句法成分发生词汇化的现象。董秀芳（2003）就讨论了"X着"的词汇化，她认为"X着"可以是介词，如：借着、按着、奔着、趁着、冲着、仗着、随着、就着、凭着、当着、为着、比着、本着、靠着；可以是副词，如：跟着、接着、亏着、紧跟着、紧接着；也可以是动词，如：意味着、有着；还可以是习用语，如：明摆着、眼瞅着、合着、悠着。此外，她还顺便讨论了"X了"的词汇化，如：为了、对了、好了、算了。作者认为，"着"最初是一个动词，经语法化而变为体标记，在进一步的语法化的过程中，"着"与其前的动词性成分黏附在一起成为一个词，"着"成为一个词内成分。我们认为董秀芳的分析是有问题的。

首先，无论是词汇化的"X着"还是词汇化的"X了"，其中的"着""了"并不一定都经历了从实义动词到体标记，再经语法化而从词外成分进入词内成分的，即不一定是按照下面这条路径虚化的：

实义动词 →体标记 →词内语素

"X着""X了"中的"着""了"也可能是从实义动词"着"（zháo）、"了"（liǎo）直接词汇化而来的，即与"着""了"向体标记虚化是平行的（即平行虚化）。而现代汉语中的词语"没完没了""一了百了""完了""终了"，在一定程度上说明了上述观点的合理性。

其次，我们认为"着""了"在词内的主要作用是"凑音"（李思旭，2009）。春秋战国时期《荀子·正名》中的"单足以喻则单，单不足以喻则兼"，魏晋时期刘勰《文心雕龙·俪词》中所说的"偶遇易安，奇字难适"，1898年，马建忠《马氏文通》中所说的"语欲其偶，便于口

实义动词 —→ 体标记

实义动词 —→ 词内语素

诵”，其实说的都是凑音。我们之所以认为“着”“了”的作用是凑音，是因为这类词语中的“着”“了”在词汇项中已经失去了原来的语法功能（如表示动作的时体），变为不表达任何语义或功能的音段成分，即“X着＝X”“X了＝X”。从董秀芳所举的例子也可以看出，带“着”“了”的介词大部分都是单音节的，在后面再凑上一个音节，正好满足了汉语的双音节的韵律需要。徐丹（2004）借鉴了海然热（Hagège）的观点，也认为双音节介词里的“着”并不是体态助词，“着”的职能在语音方面，只在音节结构上起作用，即“着”此时是个“垫音”　　（épaisseur phonique）（按：即我们所说的“凑音”）。

不仅汉语构词层面中存在“凑音”这一语法现象，在其他的世界语言中也存在这一现象，即“凑音”具有人类语言的共性。一些语言中有所谓的词干构成成分，这些词干构成成分没有任何的功能，也不具有任何形态句法特征，只是为了满足“词层面的完好构造条件（word-level well-formedness）”而必须出现（Anderson，1992）。比如 Huave 语中的名词如果不带有标明词干的元音和一个表示所有者的后缀就是不合格的，在这种语言中不能简单地说 niing（房子），而必须说 a-niing-aran（某人的房子），其中 a-是标明词干的前缀，-aran 是表示不定所有者的后缀。还有一些语言中还有空语素形式，如 Menominee 语中的/-t-/，出现在具有领属含义的词中。在下面这类词中，/-t-/不具有任何语义功能，既不属于词根的一部分，也不属于表示领属的词缀的一部分，其出现环境是由词法条件所控制的：即出现在以元音开头的词根前的领属词缀后。

ke　-t-　ös

你的 -t- 独木船

你的独木船

不仅词法中存在“凑音”现象，汉语很多句法结构中的成分都有凑音的作用，如“画他几枝、猜他一番、盖他几间房、睡他一觉”等中的“他”。吕叔湘（1984）认为，类似上面句子中的“他”，从作用上看，它既然无所指代，实在是前面的动词的附属物。这些例句里头的动词都是单音词，这个"他"字可以凑一个音节，这种用法跟古代的"填然鼓之""勃然行之"的"之"可以相比。此外，还有偏正结构中的"之"。王力（2003）就指出，偏正结构用不用"之"字为介，没有一个标准，一般地说，要以节奏为标准，如果这个偏正结构是四个字，定语为双音节时，一般要用"之"，如"贤良之臣"，不说"贤良臣"。如果这个偏正结构只有两个字，一般不用"之"字，如"贤臣"，不说"贤之臣"。

其实汉语句法层面的"凑音"成分跟当代韵律句法学中的"附缀（clitics）"相似，都有弱化的语音形式，没有实在的意义，在韵律上它们都可看成"韵律不足（prosodically defient）"的成分。为了满足语音上的要求，一个话语中所有的语音成分都必须被组织进韵律结构中去，因此"韵律不足"的成分则在更大的范围中必须被合并进相邻的成分，以便构成韵律上合格的单位，这种操作在节律音系学（metrical phonology）中被称为"偏倚附加（stray adjunction）"规则（Anderson 1992：203）。我们认为上面所讨论的汉语句法层面的"凑音"成分和国外语言中的"附缀"成分都是"偏倚附加"规则作用的结果。

最后，董秀芳认为"着""了"从"体标记变为一个词内的不可分析的成分"的说法，无法对我们上文所提到的句尾成分的词汇化作出合理的解释。因为只有动词后接的才是体标记。体标记"着""了"在句首发生词汇化还能理解：连动结构由于语义重心偏后，这就会导致前一动词变为次要动词，并且动性不断减弱，最后虚化为介词，由于双音化的作用，原先的体标记"着""了"就与其发生词汇化。当然在句首发生词汇化的"了"也可能不是体标记，而是语气词，如彭伶楠（2005）所分析的"好了2"就是一个表达语气的成分。

通过上面的多方引论可知，向体标记虚化的"完1"是不可能向词汇化方向发展的。

二　"完2"词汇化的可能性

我们认为动结式"V单+完"词汇化是有可能的。因为动补结构是汉语语法系统中一个独特的常用的句法关系，并且表示动作结束或完成的"V单+完"在人们的日常生活中经常用到。这正如张世禄（1956）所说的，"常用的词组，往往经过凝固或缩略作用，转变作词。这样从词组的凝固或缩略，变成为词，正是词产生的重要方法之一，也是语言本身发展的重要趋势之一。"

汉语中有些句法结构随着历时的演变而逐渐成为一个固定词语或短语，最典型的就是现代汉语的复合词大部分都是由原来的句法上的短语演变而来。当然这就造成了现代汉语中大量的复合词与短语的划界难问题，尤其是动宾词组与动宾复合词区分，如"烙饼""炒饭""劈柴"等。这是因为古汉语是以单音节词为主，单音词与单音词的组合是句法组合；而现代汉语是以双音节词为主，古汉语的单音节词到现代汉语则成了单音节语素。由古汉语的"单音节词与单音词的组合"变为现代汉语的"单音节语素与单音节语素的组合"，即由古汉语句法层面问题变为现代汉语词法层面的问题。所以，在古汉语是句法层面的词与词的组合关系，在现代汉语中则被看成是词法层面的语素与语素的组合关系，也可以说由于原来句法层面分界消失（boundary loss）而进入了词汇层面，成为复合词。

以上的分析或许可以用来预测"V单+完"的词汇化问题，即"V单+完"由于古汉语句法层面的动补短语的分界消失，而降格为词汇层面的动补式复合词。

认知语言学认为语言的结构是客观世界的结构的反映，即语言结构与客观世界的结构是相一致的。熊学亮（1999）说："在语言使用中，如果语言单位与所要表达的目标结构（按：即客观世界的结构）一致时，语法认可用法，有关的语法块自动激活，无须语用者多化任何附加努力。"我们认为，这里的语法块既包括词、短语，也应包括句子。但是由于人类的惰性，人们在利用语言进行表达时，不可能每次都严格地按照语言的程序：由词到句子，由单句到复句，由复句到篇章。于是，为了方便，人们就经常直接使用已经组合好的短语或句子来表达自己的思想。由于这些短语使用的频率非常高，人们在使用时就把它看为一个整体，不再去关心它的内部结构，这就是所谓的语用现象习惯化。那么，使用频率非常高的"V单+完"是否会像上面所叙述的那样，也发生语用现象语法化呢？我们认为这是有可能的，当然最终的答案还要靠时间来证明。

三 "完2"词汇化为类词缀

我们认为，"V单+完"如果词汇化成功，即"完"由词外进入词内，那么"V单+完"最有可能形成的是附加式复合词，即"完"是一个类后缀。吕文华（2001）认为，动结式短语的两个成分结合得很紧密，很像是一个词，助词和宾语都不能插入其中，但又可以用"不/得"扩展，更主要的是动结式的组合十分灵活。出于研究的需要，我们查了《汉语动词用法词典》（商务印书馆，1995），该词典共考察动词 1308 个，其中三音节动词两个（标志着、意味着），双音节动词 778 个，单音节动词 548 个。与"完"的搭配情况我们穷尽性地统计如下：

	数量	能与"完"搭配		不能与"完"搭配	
		数量	百分率	数量	百分率
单音节动词	548	405	74%	143	26%
双音节动词	778	223	28%	555	72%
三音节动词	2	0	0	2	100%
动词总数	1328	628	47%	700	53%

词典中明确标出能与"完"搭配的单音节动词有 405 个，双音节动词有 223 个，而"V 单 + 完"组成的动结式都表示动作的结束或完成，这样"完"就符合了类词缀的要求：位置固定，语音基本不变，意义开始虚化。即"完"有向类词缀虚化的可能性。

四 从韵律词看"V 单 + 完 2"的词汇化

韵律词是从韵律学的角度来规定词的概念，把词定义为"最小的能够自由运用的语言单位"。韵律学中的语言单位是韵律单位。韵律学中最小的韵律单位是音步。韵律词的定义是通过韵律构词学中的音步来确定的。韵律构词学中的韵律系统分为四个级层。最底层是韵素，韵素组成音节，音节组成音步，最后音步实现韵律词。韵素、音节跟音步三层之间是组成关系，上面所说的可以形式化为：韵素 A + 韵素 B = 音节 1，韵素 C + 韵素 D = 音节 2，音节 1 + 音节 2 = 音步。而音步跟韵律词之间是实现关系。并且音步必须具备下面的条件：它必须同时支配两个成分。只有支配两个成分，才能体现韵律中的"轻重抑扬"这一节奏。韵律词是由音步决定的，那么，不满一个音步的单音词或单音语素要成为韵律词，就得加上一个音节，如重叠式：天——天天，年——年年。延长式：孔——窟窿。感叹语：妈的！天哪！凑补式：夏——有夏，石——石头，等等（冯胜利，1997）。

"V 单 + 完"正好符合韵律构词学中的一个音步，而一个音步内的成分关系是非常紧密的，最容易发生边界的消失，进而发生词汇化。韵律词与汉语的双音化有惊人的相似之处。Hopper & Traugott（1993）认为，在双音化趋势的作用下，两高频率共现的单音节词就可能经过重新分析而削弱或丧失其间的词汇边界，结合成一个双音节的语言单位，这个过程叫"复合化"。吴为善（2003）也认为，从本质上说，"双音化"指的是两个音节构成基本韵律单元（音步）的倾向，在这个韵律单元的作用下，两个紧邻出现的单音节词就有可能"复合"成为一个语言单位，"复合"的前提是这两个单音节成分"高频率共现"。

第七章

完成体的历时演变与方言变异

Dahl（1985）、Anderson（1992）、Hein（1993）、Bybee & Dahl（1989：67）等的跨语言研究发现，在世界许多语言中，完成体的标记由表示"完成"的意义的动词变化而来。Carey（1995）指出，完成体标记和完成体构式大多是从表示动作"完结"的词语和表示"完结"的构式虚化而来的。所以下面就来探讨古代汉语中完成体的语法化来源项，即完成动词的历史沿革过程，至于完成体构式的来源，则放在下一章讨论。

第一节 "完成"义动词的历时沿革过程

梅祖麟（1981）把表"终了、完毕"义的动词"毕、讫、竟、已、了"等叫"完成动词"。钟兆华（1995）也把用于动词之后表示动作行为终究、完成意义的动词称为"完成动词"。下文我们考察的"完成动词"范围比上面两位学者定义的要广，既包括意义实在的一般"完成动词"，也包括表"完成"义的动态助词，如"了、过"。

到目前为止，只有钟兆华（1995）对近代汉语完成态动词的历史沿革进行了开创性的研究。他研究的历史跨度从魏、晋到明、清。钟以宋、元为界，从魏、晋到宋、元，主要考察了单音节完成动词，如"毕、竟、了、终、已"等的历史沿革。从宋、元到明、清，主要考察了双音节完成动词，如"了毕、完毕、完罢、已了、已罢、已讫"等的历史沿革。

与钟先生的研究相比，我们的研究有三个突出特点：1）所讨论的完成词语的历史跨度更大，从战国到当代；2）完成词语的朝代更换更加具体、细化，尽量做到每一个朝代的典型的完成动词都考察到；3）吸收了许多前人有关完成词语的颇具影响力的研究成果，如赵金铭（1979）、梅祖麟（1981，1999）、曹广顺（1986，1990）、吴福祥（1998）、梁银峰（2006）等。

以下的描述主要是综合各位方家的已有研究成果，尝试利用历史语言学中的构拟方法，重溯从古代汉语→近代汉语→现当代汉语中"完成"动词或助词的历史沿革过程。

1. 战国时期，就出现的表动作完成的完成貌词语，如：

（1）攻齐已，魏为□国……（《帛书》）
（2）钻中已，又灼龟道。（《史记》）

上两例引自梅祖麟（1999）。不过这里的"已"不是助词，而是意义很实在的动词，在句子中做谓语。例子中的"攻齐""钻中"都是叙述一个事件，作主语，后面的"已"表示这个事件的完成，作谓语。

2. 到了两汉，表完成的动词，最常见的还是"已"，这时还出现了"毕、竟、讫"三个表动作完成的动词。如：

（3）会盟已，饮，而卫鞅伏甲士而袭虏卫公子卬，因攻其军，尽破之以归秦。魏惠王兵数破於齐秦，国内空。（《史记》）
（4）传说经竟，十万诸来明士，及诸天神，礼佛欢喜，忽各还本所。（《成具光明定意经》）
（5）丞相奏事毕，因言而曰："陛下爱幸臣，则富贵之。至于朝廷之礼，不可以不肃！"上曰："君勿言，吾私之。"（《史记》）
（6）成都侯商代为大司马卫将军，永乃迁为凉州刺史。奏事京师讫，当之部，时有黑龙见东莱，上使尚书问永，受所欲言。（《汉书》）

3. 到了南北朝时期，汉语完成貌动词中又出现了一个新的成员"罢"，如：

（7）切脍人，虽讫亦不得洗手，洗手则脍湿；洗手则脍湿，要待食罢然后洗也。（《齐民要术》）
（8）用牛羊鹿肉之精者，破作片罢，冷水浸，溺去血，水清乃

止，以冷水淘白盐，停取清水，下椒末，浸再宿，出，阴干。(《齐民要术》)

(9) 卓意不得，便作色曰："公欲沮我计邪？边章、韩约有书来，欲令朝廷必徙都。若大兵东下，我不能复相救，公便可与袁氏西行。"彪曰："西方自彪道径也，顾未知天下何如耳！"议罢。卓敕司隶校尉宣以灾异劾奏，因策免彪。(《三国志》)

(10) 即敕以己常所用御帻青缣盖赐之。坐罢，住驾，使泰以兵马导从出，鸣鼓角作鼓吹。(《三国志》)

4. 大概到了西晋，"了"也加入了完成动词的行列，如：

(11) 君行常居人前今何以在后，纯曰：且有小市井事不了。(《晋书》)

(12) 天下大器，非可稍了，而相观每事欲了，生子痴了官事，官事未易了也。(《晋书》)

(13) 八年，迁长史，加绥军将军。亮数出军，仪常规画分部，筹度粮谷，不稽思虑，斯须便了。军戎节度，取办于仪。亮深惜仪之才干，凭魏延之骁勇，常恨二人之不平，不忍有所偏废也。(《三国志》)

5. 从初唐开始，"却"开始虚化成表示完成貌的助词，广泛地运用于各种文献中。助词"却"的产生具有重大意义。第一，它改变了汉语以时间词语或表示完成义的动词来表达动态的方法，产生了一种新的词类。第二，助词"却"产生后，汉语出现了一种新的句式：从"动＋却"变为"动＋却＋宾"。第三，在"动＋却＋宾"格式的影响下，从晚唐起，表示完成的动词"了"出现了虚化趋势，位置从"动＋宾"之后，逐渐前移到"动＋宾"之间助词"却"的位置上。在"却"发展成完成貌助词的同时或稍晚一些，趋向动词"去"也虚化成为一个完成貌助词（陈泽平，1992）。

在晚唐五代，汉语的完成貌表达方式发生了重大变化。首先，随着"了"的使用频率的提高和使用范围的扩大，它逐渐归并了在它之前产生的完成动词"已、毕、竟、讫、罢"。其次，完成动词的句法位置发生了变化，从宾语后，前移到了动宾之间（见上段的分析），即从"V＋O＋完"到"V＋完＋O"。这一转变具有巨大的意义，因为现代汉语表示动作、事件完成的句式，就在这一变化中基本形成。

6. 从晚唐起"却""了"作为助词并存。入宋以后，"了"的使用范围进一步扩大；而与此相反，"却"在逐渐衰落。

7. 从南宋开始，"了"将"却""去"排挤出了官话标准语（陈泽平1992），成为完成动词。

8. 在元、明、清这一时段中，汉语的新兴完成体"完"产生了。据我们的调查，在北宋初的《快嘴李翠莲记》中出现了"完"作结果补语的用例：

（14）员外妈妈并哥嫂一齐起来，大怒曰："这早晚东方将亮了还不梳妆完，尚兀子调嘴弄舌。"

此后，从明朝的《三国演义》《水浒传》《西游记》《金瓶梅》到清朝的《儒林外史》《红楼梦》《儿女英雄传》，"完"作补语的用例不断增加。

（15）比及天明，沙水冻紧，土城已筑完。细作报知马超。超领兵观之，大惊，疑有神助。（明《三国演义》）

（16）是守把杭州方腊大太子南安王方天定手下库官，特奉令旨，押送新造完铁甲三千副，解赴苏州三大王方貌处交割。（明《水浒传》）

（17）小姐对刘洪道："僧鞋做完，这里有什么寺院，好去还愿？"刘洪道："这江州有个金山寺、焦山寺，听你在那个寺里去。"（明《西游记》）

（18）不一时，又把帕儿包着左手，捧将出来，搁在书上，任医官也如此看了。看完了，便向西门庆道："老夫人两手脉都看了，却斗胆要瞧瞧气色。"西门道："通家朋友，但看何妨。"（明《金瓶梅》）

（19）夜里，大先生向二先生说，要到无为州看朋友去。二先生道："哥哥还在家里住些时。我要到府里科考，等我考了回来，哥哥再去罢。"余大先生道:"你不知道,我这扬州的馆金已是用完了,要赶着到无为州去。弄几两银子回来过长夏。你科考去不妨,家里有你嫂子和弟媳当着家。我弟兄两个原是关着门过日子,要我在家怎的?"(清《儒林外史》)

(20)宝玉拿起海来一气饮干,说道:"如今要说悲、愁、喜、乐四字,却要说出女儿来,还要注明这四字原故。说完了,饮门杯。酒面要唱一个新鲜时样曲子;酒底要席上生风一样东西,或古诗,旧对,《四书》《五经》成语。"(清《红楼梦》)

(21)金、玉姊妹见他把方才的话如云过天空,更不提起一字,脸上依旧一团和容悦色,二人心里越发过意不去,倒提起精神来,殷殷勤勤陪他谈笑了一阵。吃完了酒,收拾收拾,三个人便到了上房。(清《儿女英雄传》)

在清朝末年还产生了表示动作完毕的结果补语"过1",如:

(22)安老爷此时事是完了,礼是送了,合他放量喝了一回,吃过饭便过厢房去安歇。此时那个麻花儿是合邓九公的那班小小子混熟了。(《儿女英雄传》)

(23)宝玉笑道:"亏你提起来。"说着,便仰头向窗外道:"宝姐姐,吃过饭叫莺儿来,烦他打几根络子,可得闲儿?"(《红楼梦》)

9.在现当代汉语,尤其是口语中还产生了语义高度虚化表示完成义的"好",如:

(24)开好车给加上点儿油。
(25)洗好衣服再吃饭。
(26)写好作业再看电视。

"好"的本义是"使人满意",如"他喜欢开好车"。后来在补语位置上引申出"把事做圆满",如"小心点,开好你的车"。再后来就虚化出"表示完成",如上面的例子。这时的"好"可以用"完"来替换,而且替换后句子的意思基本不变,如:

（27）开好车给加上点儿油。→　　开完车给加上点儿油。

（28）洗好衣服再吃饭。　　→　　洗完衣服再吃饭。

（29）写好作业再看电视。　→　　写完作业再看电视。

上面完成动词或助词的历史演变过程可以归纳为下表：

序号	完成动词或助词	朝代
1	已	战国
2	已/毕、竟、讫	两汉
3	已、毕、竟、讫/罢	南北朝
4	已、毕、竟、讫、罢/了	西晋
5	已、毕、竟、讫、罢、了/却、走	初唐
6	却、走/了	晚唐五代
7	了	南宋
8	了/完、过1	元、明、清
9	了、完、好	现当代

梅祖麟（1981）的一句话可以很形象地总结以上完成动词的历史演变，梅先生认为："句法结构不变，词汇中的新陈代谢就像接力赛跑，一个运动员跑累了，另一个接棒跑下去。"另外，以上探讨的完成体标记，有些还在方言中继续使用，也就是说在部分方言中还保存着古汉语的用法。在河南话中保留了完成体"罢"的用法，如"吃罢饭（吃完饭）"。

以上完成词语历史沿革中体现的语法化原则有以下几个：

1. 并存原则　沈家煊（1994）引用了 Hopper 关于语法化的五条原则，其中之一为"并存原则"，指若干语法化而来的表示同一语法功能的虚词在一段时间内共存。一种语法功能可以有几种语法形式来表示，上面讨论的许多词语都表"完成"义就是很好的体现。此外，一种新的形式出现后，旧形式并不立即消失，新旧形式并存。如从阶段 2 的两汉到阶段 3 的南北朝，虽然出现了新的完成词语"罢"，但旧的完成词语"已、毕、竟、讫"并没有立即消失，而是与新的词语并存。

2. 频率原则　实词的使用频率越高，就越容易虚化，而虚化的结果又提高了使用频率。比如随着"了"的使用频率的提高和使用范围的扩大，它逐渐归并了在它之前产生的完成动词"已、毕、竟、讫、罢"。

3. 择一原则　Hopper（沈家煊，1994）所谈到的语法化原则中有一"择一原则"，即能够表达同一语法功能的多种并存形式经过筛选和淘汰，最后缩减到一两种。如果我们把从先秦到现代的完成词语的演变看作一个统一的演变过程，从大趋势来看，似乎可以看成是从多到少的择一的过程，即完成动词到了现代汉语最后只剩下了"了"和"完"。

第二节　补语"完"的产生及其语法化历程

以上讨论了汉语完成动词的历史演变过程，下面对其中的典型成员"完"进行专门的个案研究，探讨其如何从谓语位置到补语位置。虽然句法位置分布发生了转变，但是其表"完成"义始终没有发生变化。

对"完"的用法的历史考察，按照"完"的句法功能，即能否作结果补语，以北宋为界，可以分为"先秦到晚唐五代"和"北宋到明清"两个时期。因为从北宋开始，"完"作结果补语的动结式开始产生。

一　补语"完"的历时产生过程

先秦汉语中动词"完"的用法主要可以分为两种：一是在简单句中作谓语或定语；二是作为连动结构（或多动共宾）的后一个动词。

1. "完"在简单句中作定语或谓语。先秦到北宋，汉语中作谓语的"完"有动词和形容词两种词性。形容词"完"，主要表"坚固""完整、完好"义。以下的"完"都表"坚固"义，其中例（4）（6）（7）中的"完"作定语，其他的是"完"作谓语。

（1）襄子出，曰："吾何走乎？"从者曰："长子近，且城厚完。"襄子曰："民罢力以完之，又毙死以守之，其谁与我？"（《国语》）

（2）故曰：城郭不完，兵甲不多，非国之灾也。田野不辟，货财不聚，非国之害也。上无礼，下无学，贼民兴，丧无日矣。（《孟子》）

（3）君之内隶，臣之父兄，若有离散，在于野鄙，此臣之罪也，君之外隶，臣之所职，若有播亡，在于四方，此臣之罪也；兵革之不

完，战车之不修，此臣之罪也。（《晏子春秋》）

（4）故军争者不行于完城池，有道者不行于无君。故莫知其将至也，至而不可围；莫知其将去也，去而不可止。（《管子》）

（5）至，行城郭，案府库，视仓廪，召张孟谈曰："吾城郭之完，府库足用，仓廪实矣，无矢奈何？"（《战国策》）

（6）素无良吏教习，城池又不完固，遇贼畏惧，苟从之以求生，岂其素有背叛之心耶懿宗拥兵数万。（《大唐新语》）

（7）行密欲走海陵，袭曰：海陵难守，而庐州吾旧治也，城廪完实，可为后图。（《新五代史》）

以下的"完"都表"完整、完好"义，其中例（10）（11）是"完"作定语，其他的是"完"作谓语。

（8）诏召东郭先生，拜以为郡都尉。东郭先生久待诏公车，贫困饥寒，衣敝，履不完。行雪中，履有上无下，足尽践地。（《史记》）

（9）颜斶辞去曰："夫玉生于山，制则破焉，非弗宝贵矣，然夫璞不完。士生乎鄙野，推选则禄焉，非不得尊遂也，然而形神不全。斶愿得归，晚食以当肉，安步以当车，无罪以当贵，清静贞正以自虞。制言者王也，尽忠直言者斶也。言要道已备矣，愿得赐归，安行而反臣之邑屋。"（《战国策》）

（10）世语曰：师纂亦与艾俱死。纂性急少恩，死之日体无完皮。（《三国志》）

（11）已经百日窜荆棘，身上无有完肌肤。高帝子孙尽隆准，龙种自与常人殊。（《杜甫诗》）

（12）或罹天六（一作夭）极，或被人刑残。顾我信为幸，百骸且完全。五十不为夭，吾今欠数年。知分心自足，委顺身常安。故虽穷退日，而无戚戚颜。（《白居易诗》）

（13）余索其书而观之。其识达，其学诣。其言恢而正，其事简而完。其辞精微而华畅。（《禅林僧宝传》）

作动词的"完"主要表示"保全、修缮"义，如：

（14）十九年，春，楚工尹赤迁阴于下阴，令尹子瑕城郏，叔孙昭子曰：楚不在诸侯矣，其仅自完也，以持其世而已。（《左传》）

（15）天子尝新，先荐寝庙。命百官，始收敛。完堤防，谨壅塞，以备水潦。修宫室，坏墙垣，补城郭。（《礼记》）

（16）秦、赵大恶。芒卯应赵使叶："敝邑所以事大王者，为完郏也。今郊郏者，使者之罪也，卯不知也。"（《战国策》）

（17）阜曰："守城不能完，君亡不能死，亦何面目以视息於天下！马超背父叛君，虐杀州将，岂独阜之忧责，一州士大夫皆蒙其耻。君拥兵专制而无讨贼心，此赵盾所以书弑君也。超强而无义，多衅易图耳。"（《三国志》）

此外，还有形容词"完"的使动义用法，这时的"完"表示"使……完整、使……完好"义，如：

（18）故曰：道之真，以持身；其绪馀，以为国家；其土苴，以治天下。由此观之，帝王之功，圣人之馀事也，非所以完身养生之道也。（《吕氏春秋》）

（19）乾祐元年三月，先致书於权臣，布求保证，而完城郭，缮甲兵，昼夜不息。（《旧五代史》）

（20）王但拊士爱民，补兵完赋，义声驰於天下，诸侯自然推戴。今若恃兵与险，未见良图。（《旧五代史》）

2. "完"是连动式的后一个动词。先秦到北宋，"完"用作连动结构的后一个动词的例子不是很多，我们在这一段时期内搜到的语料主要有以下这些：

（21）今吾子坏之，虽从者能戒，其若异客何？以敝邑之为盟主，缮完葺墙，以待宾客。（《左传》）

（22）今君奋焉震电冯怒，虐执使臣，将以衅鼓，则吴知所备矣。敝邑虽赢，若早修完，其可以息师。（《左传》）

（23）今人之肌肤，时剥伤而自愈者，血气通行也。彼蒸烛缺伤，虽有火居之，不能复全。是以神气而生长，如火烛不能自补完，

盖其所以为异也，而何欲同之？（《史论》）

（24）幕府辄复分兵命锐，修完补辑，表行东郡太守、兖州刺史，被以虎文，授以偏师，奖蹙威柄。（《三国志》）

（25）权苛暴，蠲其虐政，民免酷烈，偷安新惠，外内齐虑，有同舟之惧，虽不能终自保完，犹足以延期挺命於深江之表矣。（《三国志》）

（26）赤乌九年，迁立节中郎将，与诸葛恪换屯柴桑。抗临去，皆更缮完城围，葺其墙屋，居庐桑果，不得妄败。（《三国志》）

（27）兰本青州明经，遇乱为乡里所称，保完青郡，远近归之。初降李密，密败归国，在代州为游客所告，遂族灭。（《大唐新语》）

（28）时汉隐帝以幼年在位，政在大臣，崇亦招募亡命，缮完兵甲，为自全之计。（《旧五代史》）

（29）闻公将镇鄂渚，仆所居在焉，栋宇颓毁，风雨不蔽，非公不能为仆修完也。（《太平广记》）

上面的连动结构可以分为"缮完""修完""补完""保完"四类。前三类的"缮""修""补"都是近义词，表示"修缮、修补"义，"保完"中的"保"是"保护"义。上面的结构为什么是连动结构，而不是动补结构呢？我们认为，这类结构的性质主要是由"完"的语义决定的。这里的"完"并不是"完"作结果时的"完成""结束"义，而是"使……完整、使……完好"义，是形容词的使动用法。

上面的连动结构可以形式化为"V＋完＋O"，当然这里的宾语"O"不一定都在句末，如例（2）（3）（5）（9）等。通过上文的分析，可以看出，这里的"完"是不及物动词，是形容词的使动用法，含有致使义。这种连动结构是动补结构"V完"的前身。因为汉语的动补结构的历史来源就是连动结构，是从连动结构虚化而来的。

上文已经分析到，要判断"V完"结构的性质是连动结构还是动补结构，关键是看结构中"完"的语义。如果结构中"完"表"结束""完成"义，则是动补结构，否则是连动结构。那么"完"在什么时代开始表"完成""结束"义呢？下面先看一下前人的一些研究。

王力（1980）认为，在上古时期，"完"只有"完全""完整"的意思。现代汉语"完全""完整""完备"等词，其中的"完"用的是原始意义。应该注意的是：从上古到近代，一般只用单音词"完"字来表达这个意义。例如：

　　（30）始有，曰：苟合矣。少有，曰：苟完矣。富有，曰：苟美矣。（《论语·子路》）

　　（31）原宪居鲁，环堵之室，茨以生草，蓬户不完，桑以为枢而瓮牖，二室，褐以为塞，上漏下湿，匡坐而弦歌。（《庄子·让王》）

　　双音词"完全""完善""完备""完整"，在很早的时代也产生了。现代汉语"完毕""完了"的"完"产生的时代很晚，确切时代待考。

　　钟兆华（1995）则认为，作为"终了"意义的动词"完"，已见于北宋，如：

　　（32）画甫完，予题数言于后而归其人，使之藏焉。（《北梦琐记》）

　　徐时仪（2000：311）认为，明初《剪灯新话》中已有用"完"表示"完了""完结"义的用例。此后，"毕"表示"完了""完结"义在口语中逐渐被"完"所代替。

　　（33）徐丞闻之，喜，告以见复卿事，即劝戒之，兼助其费，专委县吏邹忠董其役。未几而完，仍揭旧额。（《两川都辖院志》）

　　李宗江（2004）也认为"完"本来表示"完整、完全"之义，表示"完了"义应当由此义引申而来，他引用如下的例子来证明：

　　（34）若不说求其知一着，则是使人安于其所不知也。故程子又说出此意，其说方完。上不失于自欺，下不失于自勉。（《朱子语类》）

　　若只看此例中的前一句，将"完"理解为"完了"也未尝不可；但看下一句，此句中的"完"还是"完整"之义。"完"表示"完了"义始于何时，尚无确说。《汉语大词典》所引最早用例是清代，这肯定是晚了。

据我们的搜查，最早表示"完了""完毕"义"完"的用例，始见于北宋的话本小说《快嘴李翠莲记》：

（35）员外妈妈并哥嫂一齐起来，大怒曰："这早晚东方将亮了，还不梳妆完，尚兀子调嘴弄舌！"

（36）说那先生撒帐未完，只见翠莲跳起身来，摸着一条面杖，将先生夹腰两面杖，便骂道："你娘的臭屁！你家老婆便是河东狮子！"

上面两例中的"完"都表示"完了""完毕"义，其中例（35）是"完"作结果补语，例（36）是"完"与否定词"未"一起做谓语。

元朝"完"作补语的有以下7例：

（37）公子说："爹爹严命，限儿的书都看了，题目都做完了，但有馀力旁观子史。"（元《玉堂春落难逢夫》）

（38）次日收拾起程，王定与公子送别，转到北京，另寻寓所安下，公子谨依父命，在寓读书，王定讨账。不觉三月有余，三万银账，都收完了。（元《玉堂春落难逢夫》）

（39）到初四日早饭过后，暖雪下楼小解，忽听得街上当当地敲响。响的这件东西，唤做"报君知"，是瞎子卖卦的行头。暖雪等不及解完，慌忙检了裤腰，跑出门外，叫住了瞎先生。（元《蒋兴哥重会珍珠衫》）

（40）当当地敲响。响的这件东西，唤做"报君知"，是瞎子卖卦的行头。暖雪等不及解完，慌忙检了裤腰，跑出门外，叫住了瞎先生。拨转脚头，一口气跑上楼来，报知主母。（元《蒋兴哥重会珍珠衫》）

（41）兴哥讨完了客账，欲待起身，走到陈大郎寓所作别。（元《蒋兴哥重会珍珠衫》）

（42）兴哥搬完了行李，只说去看看丈人、丈母，依旧到船上住了一晚。（元《蒋兴哥重会珍珠衫》）

（43）"老爷亲许免小人一刀，如何失信?"徐爷又免他十板，只打三十。打完了，分付收监。徐爷退于后堂，请命于父亲，草下表章，将此段情由，具奏天子。（元《苏知县罗衫再合》）

我们对都成书于元末明初的名著《三国演义》和《水浒传》进行了检索，各发现了两例"完"作结果补语的用例。

（44）比及天明，沙水冻紧，土城已筑完。细作报知马超。超领兵观之，大惊，疑有神助。（明《三国演义》）

（45）遂遣黄忠、魏延领兵前进。费观听知玄德兵来，差李严出迎。严领三千兵出。各布阵完。（明《三国演义》）

（46）萧嘉穗将那数张纸都写完了，悄地探听消息，只听得百姓们都在家里哭泣。（明《水浒传》）

（47）是守把杭州方腊大太子南安王方天定手下库官，特奉令旨，押送新造完铁甲三千副，解赴苏州三大王方貌处交割。（明《水浒传》）

成书于元末明初，供朝鲜人学习汉语的口语教材《老乞大新解》中，检索到带有"完"字的句子有21例，表示"完了"义的"完"已达18例，其中作补语的有13例。

（48）每日清早晨起来。师傅根前受了书。放学。家里吃完了饭。再到学里写仿。写仿后头对句。对句后头念诗。

（49）你们外头还有伙伴么。还有一个在那里。看行李放马呢。他不能来吃饭。怎么好。我们吃完了。给他带些去。

（50）且随你们吃着。家里还有饭。吃完了再给他带去。你们休做客。慢慢的往饱里吃罢。

（51）我才刚去要籴米。他不肯粜与我。他们做下现成的饭。教我们吃了。又教吃你带来。你吃完了。可就与这小厮碗碟带回去罢。

（52）伙伴你赶马来。咱好打朵子。等到打完了朵子。

（53）他饭也好吃完了。咱们就好行路。

（54）后头呢用绊罢。从前却绊着。今日偏忘了不曾绊。咱们都拦着拿住。朵子都打完了驮上。咱们好走。

（55）主人家的东西。不要错拿了去。朵子都打完了。辞了主人家去吧。

（56）如今要你满饮一杯。不可留一点酒底。咱们且不要讲礼。吃一杯罢。吃完了酒。会了酒钱去吧。

（57）我写完这契了。我念给你听。辽东城内人王某。今为少钱使用。愿将自己原买。

（58）粉汤。馒头。打糕。鸡蛋糕。鞑子饽饽。都吃完了。先吃空汤。后吃茶。就散罢。

（59）然后埋好了罗锅。急忙做茶饭。肉煮熟了。就捞出来。到吃完了饭。碗盏家伙收拾了。等官府睡了。还教一个伙伴伺候着。

（60）你用了记号。却大家把稳些。这一百两做一包。这一十八两做一包。交易完了。客人们。拿了布去吧。咱们人参也都出脱了。货物也都发落了。

在成书于明代中期的名著《西游记》中检索到动词后带"完"的例句如下：

（61）小姐对刘洪道："僧鞋做完，这里有什么寺院，好去还愿？"刘洪道："这江州有个金山寺、焦山寺，听你在那个寺里去。"

（62）大圣未曾说完，只见满瓶都是火焰。幸得他有本事，坐在中间，捻着避火诀，全然不惧。

（63）有光禄寺三部各官回奏道："臣等自八日奉旨，驸马府已修完，专等妆奁铺设。合卺宴亦已完备，荤素共五百余席。"

（64）自清浊初开，天不满西北，地不满东南，太上道祖解化女娲，补完天缺，行至昆仑山下，有根仙藤，藤结有两个葫芦。

（65）虎力道："弟兄三个，都有些神通。会砍下头来，又能安上；剖腹剜心，还再长完；滚油锅里，又能洗澡。"

例（61）（62）很容易判断出是结果补语，例（64）（65）中动词"补""长"后面的"完"都表"使……完整、使……完好"义，可见还是连动结构。其中比较难作出判断的是例（63），这里的"修完"既可以理解连动结构，表"使……完整、使……完好"义，也可以理解成动补结构，即"骏马府修缮已经完成"。由此可见例（63）中的"修完"是连动结构和动补结构两解的例句，也是"完"从连动结构后项动词语法化为补语的"临界语境"。

汉语的体标记大都经历了如下的虚化链：

独立动词 → 连动式中的后一动词 → 补语 → 体标记

上文分析的北宋前的"完"就分别担任独立动词和连动结构的后一动词。例（63）中的"修完"有两种解读方式，可以看出它正处在由连动式的后一动词向结果补语虚化的过程之中。这种情况的产生是由语法化中的"重新分析"机制引起的。所谓的"重新分析"（reanalysis）是指在没有改变表层结构形式的情况下，一个本来可以分析为（a，b），c 的结构，由于认知角度的变化，变成了 a，（b，c）。也就是说，在句子表层结构不变的情况下，由于人的理解起了变化，同一种语言形式，被赋予了一种新的解释。上面的"修完"就可以由连动结构被分析为动补结构。

在《金瓶梅》中，分别检索到"完"作结果补语 23 例。现列举几例如下：

（66）武大道："好兄弟，你说与我则个。"郓哥道："且不要慌，等我一发吃完了，却说与你。你却不要气苦，我自帮你打捉。"

（67）西门庆笑道："我也没法了，随你看完了与他罢么。你还了他这个去，他还有个稀奇物件儿哩，到明日我要了来与你。"

（68）玳安说："家中有三个川广客人，在家中坐着。有许多细货要科兑与傅二叔，只要一百两银子押合同，约八月中找完银子。大娘使小的来请爹家去理会此事。"

（69）西门庆道："你休烦恼。我这话对房下和潘五姐也说过了，直待与你把房盖完，那时你孝服将满，娶你过门不迟。"

从元、明到清，汉语表示完成的体标记呈现"完"增"罢"减的趋势。李宗江（2004）作了如下统计，明代以《水浒传》《金瓶梅词话》

为例，各取其前 60 回进行统计。《水》主要是"罢"，见 117 例，"完"不见。而《金》中"罢"和"完"差不多，"罢"30 例，"完"23 例。到了清代《红楼梦》中主要用"完"，前 50 回见 84 例，也有少量"罢"10 例，主要见于诗话的句式中。

钟兆华（1995）对若干种著作以抽样调查的方式，对完成动词"讫、毕、罢、完"进行统计，如下表所示。从下表可以看出："毕""罢"在元、明、清时期占有相当的优势；"完"的使用频率逐渐增高，"讫"逐渐趋于消失。

	《全相平话》5 种	《水浒传》前 70 回	《金瓶梅》前 50 回	《古文观止》前 20 回	《儿女英雄传》	《老残游记》
讫	48	4	1	25		
毕	175	1	121	33	7	5
罢	80	193	14	104	24	10
完			3	9	27	22

我们对清朝的《儒林外史》《红楼梦》《儿女英雄传》三部作品进行了全面检索，在《儒林外史》中发现"完"作补语 99 例，如例（70）（71）（72）；在《红楼梦》中发现"完"作补语 177 例，如例（73）（74）（75）；在《儿女英雄传》中发现"完"作补语 186 例，如例（76）（77）（78）。

（70）自此以后，匡超人的肉和豆腐，都卖得生意又燥。不到日中就卖完了，把钱拿来家，伴着父亲。算计那日赚的钱多，便在集上买个鸡鸭或是鱼，来家与父亲吃饭。（清《儒林外史》）

（71）打开看时，前面写着"西征小纪"四个字。中间三幅图：第一幅是《椅儿山破敌》，第二幅是《青枫取城》，第三幅是《春郊劝农》。每幅下面，都有逐细的纪略。武书看完了，叹惜道："飞将军数奇，古今来大概如此。老先生这样功劳，至今还屈在卑位……"（清《儒林外史》）

（72）萧金铉道："要僻地方，只有南门外报恩寺里好，又不吵闹，房子又宽，房钱又不十分贵。我们而今吃了饭，竟到那里寻寓所。"当下吃完几壶酒，堂官拿上肘子、汤和饭来。季恬逸尽力吃了

一饱。下楼会账，又走到刻字店扎他看了行李。(清《儒林外史》)

(73) 只见袭人坐在近窗床上，手中拿着一根灰色绦子，正在那里打结子呢。见宝玉进来，连忙站起来，笑道："晴雯这东西编派我什么呢。我因要赶着打完了这结子，没工夫和他们瞎闹，因哄他们道：'你们顽去吧，趁着二爷不在家，我要在这里静坐一坐，养一养神。'他就编派了我这些混话，什么'面壁了''参禅了'的，等一会我不撕他那嘴。"(清《红楼梦》)

(74) 前言少述，且说当下芳官回至怡红院中，回复了宝玉。宝玉正在听见赵姨娘厮吵，心中自是不悦，说又不是，不说又不是，只得等吵完了，打听着探春劝了他去后方从蘅芜苑回来，劝了芳官一阵，方大家安妥。今见他回来，又说还要些玫瑰露与柳五儿吃去。(清《红楼梦》)

(75) 因一面遣人去问凤姐有无，凤姐来说："也只有些参膏芦须。虽有几枝，也不是上好的，每日还要煎药里用呢。"王夫人听了，只得向邢夫人那里问去。邢夫人说："因上次没了，才往这里来寻，早已用完了。"王夫人没法，只得亲身过来请问贾母。(清《红楼梦》)

(76) 因把邓九公问他两个有无喜信的话告诉了舅太太、张太太，又合他姐妹说道："这可真叫人问得怪臊的！也有俩人过来这么二三年了，还不给我抱个孙子的！瞧瞧人家寻胎产金丹来，想必是褚大姑娘有了喜信儿了。"舅太太也说："真个的呢。"一句话不曾说完，张太太发了议论了，说："亲家，那可说不的呀！这是有个神儿在神儿不在的事儿，谁有拿手哇？"(清《儿女英雄传》)

(77) 这里头金、玉姐妹两个人是憋着一肚子的正经话不曾说完，被这一岔，又怕将来作书的燕北闲人写到这里逗不上这个卯笋儿，良久，忍住笑。(清《儿女英雄传》)

(78) 向例填榜是先从第六名填起，全榜填完了，然后倒填前五名。这个缘故，只在这《儿女英雄传》安老爷中进士的时候已经交代过了，此时不须再赘。(清《儿女英雄传》)

综合上面我们对"完"作补语的分析，从元朝到清朝末年，"完"作结果补语的发展趋势可以归纳如下：

作品	《三国演义》	《水浒传》	《西游记》	《金瓶梅》	《儒林外史》	《红楼梦》	《儿女英雄传》
"完"	2	2	3	23	99	177	186

从上表可以看出，从元末明初的《三国演义》到清末民初的《儿女英雄传》，"完"作补语具有不断增长的趋势。

二　补语"完"的进一步语法化及动因

赵元任（1968：208）指出，"完，好（吴语），得，了（liǎo）"是"always stressed take the suffix—le"。吕叔湘译为：这些补语总是不轻声，总是带"了"尾。丁邦新译为：这些都有重音，又可加词尾"了"。为了验证上述不同的说法，根据最小对比原则，陈前瑞（2003：54；2008：101）进一步考察，"完"后面用不用"了"的情况。为了更好理解，例句是我们在引述时，结合北大现代汉语语料库另外补充的。

A. 现实句：现实句中多用"了"，非现实句很少用"了"。比如例（1）是现实句，补语"完"后带"了"；例（2）是非现实句，补语"完"后没有带"了"。

（1）就餐完毕时，要把刀叉在盘子上靠拢地摆放在一起，这时服务员一看，就知道你已经吃完了，就会把盘子收走。（史传《从普通女孩到银行家》）

（2）句子里的组合本来是有层次的，语法分析应该把它反映出来。如果不分层次，想把整个句子在一个层次上分析完，就会眉毛胡子一把抓，好多关系说不清楚。（叶蜚声、徐通锵《语言学纲要》）

B. 已然句：已然句多用"了"，未然的很少用"了"。比如例（3）是已然句，补语"完"后带"了"；例（4）是非未然句，补语"完"后没有带"了"。

（3）他要这个数目，我就照他要的给，他顺顺利利地就把工作做完了，也办好了。（《哈佛管理培训系列全集》）

（4）如果你只打算看看热闹，你可以快速地把这本书翻完，只要你能将里面讲的那些故事及每个故事要表达的想法理解并记住，这本书你也就看了个七七八八了。（《让数字说话——审计，就这么简单》）

C. 简单谓语句：连动结构或其他复杂句的前项很少用"了"。比如例（5）中"说完转向宋耀如"是连动结构，例（6）中"说完觉得不好笑自己又换个身份再说一次"是复杂结构，补语"完"后都没有带"了"。

（5）宋庆龄脸一红："姐，瞧你！"母亲倪桂珍也拍了一下来蔼龄的肩膀："亲姐妹间，也没个正形。"说完转向宋耀如："快说说看，都谁走，怎么安排？"（史传《宋氏家族全传》）

（6）吴宗宪：平常工作的时候我不会停下来，而且很少看到我话不多的时候，话跟牛毛一样多，说完觉得不好笑自己又换个身份再说一次，就好像一个人分饰多角。（电视访谈《鲁豫有约》）

D. 带有宾语的句子：不带宾语的"V完"多带"了"，带有宾语的较少带"了"。这样也排除了句尾"了"的情况。比如例（7）中"说完"后面没有宾语，带"了"；例（8）中"说完"后面带了宾语"话"，就没带"了"。

（7）一天，爸爸在办公室的躺椅上坐着看文件，我进去跟爸爸说起这个院子大、好玩，爸爸笑着听我说完了，认真地却不是严肃地向我解释说："这个地方房子好，花园也很漂亮，你到哪里去找这么好的地方呢？说没有是太绝对了，起码是很少。对不对？为什么还要搬呢？"（《忆我的爸爸董必武》）

（8）病人刚说完话就又一头栽在枕头上。他是那样的虚弱，大学生真担心他的心脏病随时再会大发作。（《尼尔斯骑鹅旅行记》）

E. 独立的小句：独立的小句多带"了"，内嵌的小句少带"了"。例（9）中"等他说完"是独立小句，后面带"了"；例（10）中"和他说完话"是小句作定语，没带"了"。

（9）等他说完了，赵君武立刻道："这件事我一定替你做到，有了消息后，怎么通知你？"（古龙《陆小凤传奇》）

（10）有几个年轻人正费劲地将最大的简易棚的雨布掀翻在地。那个身材矮小的中年人站在一旁与几个人说话，和他说完话的人都迅速离去。后来他身旁只站着一个三十来岁的男子。（余华《夏季台风》）

F."V 完"作谓语的小句：定语位置的"V 完"多不带"了"，而谓语位置的多带"了"。例（11）中"干完"作定语，没带"了"；例（12）中"批改完"作谓语，后面带"了"。

（11）要想多学东西，就要主动找活儿干，能多干一些，就不要少干一些，今天能干完的事情，就不要留到明天去干。其实，你干了多少工作，质量如何，你身边的同事会一清二楚。你的能力如何，工作态度如何，你的上司也心知肚明。（史传《从普通女孩到银行家》）

（12）"学校"没有办公室，她每天把学生的作业本带回家，为此她特意让人编了一个大背筐，晚上背回去一本本批改，批改完了，常常是鸡也叫了；稍稍合一会儿眼，再背上筐去学校为孩子们挑水。（《1994 年报刊精选》）

陈前瑞（2003；2008）只是提到了以上补语"完"后用不用"了"的 6 种情况，并没有作出解释。下面我们就做出一些尝试性的解释：

1. 非现实句和表示未然的句子，由于句子表达的活动或事件还没有发生，所以很少带表达现实意义的"了"；相反，现实句和已然句表达的活动或事件已经发生，所以多带表达现实意义的"了"。

2. 连动结构或其他复杂句的前项，在信息结构上是背景，由于背景与未完整体大致对应，背景中的动词往往是延续、静态、反复动词，所以很少用"了"。

3. 之所以不带宾语的"V 完"多带"了"，而带有宾语的较少带"了"，这是因为不带宾语的"V 完"大多数情况下是在句子或小句的末尾，"V 完"后的"了"兼有语气词"了"的功能，起完句作用。

4. 内嵌的小句、定语位置中的"V 完"很少带"了"，这是因为汉语句子的时体标记主要体现在主句的谓语核心动词上，内嵌的小句和定语位置中的"V完"都不是句子的核心动词，所以很少带"了"。相反，独立的小句和谓语位置上的"V完"是句子的核心动词，句子的时体标记主要体现者，所以后面多带"了"。

此外，陈前瑞（2003；2008）还检索了《红楼梦》《儿女英雄传》《四世同堂》和王朔小说中的现实的、已然的、简单句的、独立的、带宾语的、肯定性的小句中，补语"完"带（＋）"了"和不带（－）"了"的情况：

	《红楼梦》	《儿女英雄传》	《四世同堂》	《王朔小说》
完 ＋ 了	10	39	27	12
完 － 了	2	10	25	42
比例	5：1	3.9：1	1.1：1	1：3.5

从表中可以看出，在前文限定的条件下，补语"完"在《红楼梦》时期绝大部分都带"了"，可是到了当代大部分都不带"了"。这似乎说明，作为完结体标记的"完"也一直在虚化，意义越来越接近"了"，因此，就越来越少用"了"。

石毓智（2003）也认为，双音节动补结构的轻重音格式通常为：重音 ＋ 轻音。第一个语素负载一个重音，第二个语素则倾向于弱化而成一个轻音。受这种双音格式的影响，两个语素在融合成一个复合词的过程中，第二个语素的语音形式常常会弱化。动补结构中，补语的语音形式容易弱化，因为它们时常位于一个短语的第二个音节的位置。经常作结果补语的"完""好"和"掉"等，不仅语义已经大大虚化，而且语音形式也弱化了，失去了独立的调值，与动词的搭配也相对较为自由，也可以把它们看成准体标记。

第三节　现代汉语"完成"义补语的语法化

据徐丹（2000）对《动词用法词典》进行的调查，在528个单音节动词里，能做动补结构上字有488个，比例为92%；59个动词可以作动补结构的下字，在这59个动词中，有37个动词既可以作上字，又可以作下字。那么把这 37 个动词减去，只能作下字的动词就剩下 22 个，在 528 个动词中的比例是 4%。

一　现代汉语"完成"义虚化动词

一般的结果补语都不读轻声，但也有例外。林焘（1957）认为，汉语里的轻音结果补语一共只有 7 个：

见：听见、闻见、看见、碰见、遇见
住：记住、站住、留住
掉：改掉、去掉、杀掉
死：乐死、恨死、想死
开：拿开、传开、走开
到：想到、抓到
着：打着

他认为轻音的结果补语与一般补语的区别在于：轻音的结果补语除了意义上有较大的改变外，在句子里的地位也和一般的结果补语不同，它在形式上和意义上都只是补充说明前面的动词，和句子里的其他成分并没有直接的关系，同样，它和后面的宾语也没有直接联系。

房玉清（1980）把"了、着、起来、下去"等读轻声的结果补语称为动态助词。他认为这些常作补语的动词逐渐丧失了原有的声调而变成轻声，有的甚至元音变质，并且在语流中失去了独立性。跟语音上这种变化相适应，这类补语动词的词义也发生了变化：原来的确定的词汇意义消失了，而代之以比较抽象的语法意义。因此，它的结合面越来越窄，出现的频率也越来越高。

沈家煊（2003）认为，有的结果补语动词也读轻声，如"站住、听见、气死、改掉、拿开、提到、买着"等。这种读轻声的补语动词，其语法功能已经弱化，在语义指向上只能与前面的动词发生联系。补语"了"和"着"不仅失去调值，连韵母也弱化为一个央元音。因此，典型的动补结构形成了一个前重后轻的韵律格式。常作补语的词语音形式弱化后与前项动词结合成一个复合词。

汉语学界已确定的高频虚化的结果补语主要有"完、到、掉、好、住、成、了（liǎo）、着（zháo）、上"（吕叔湘，1980；范晓，1985；陈平，1987；龚千炎，1991；刘丹青，1994；董秀芳，1998；石毓智，2003）。

二 "完成"义动词语法化的动因

现代汉语的"完成"义动词的虚化动因，我们认为有以下几条：

1. 从总体上来说，是因为补语位置的易虚化性。

语法化需要句法环境。有些句法位置上的成分容易发生语法化，有些句法位置上的成分很难发生语法化。汉语的句子有主语、谓语、宾语和定语、状语、补语六个成分，但是在这六个成分的句法位置上，发生虚化的可能性是不同的。主语、谓语、宾语的位置一般不会发生虚化，因为它们是句子表意的中心所在。定语的位置也很难发生虚化，因为定语是修饰限制名词的，而虚化了的词语一般不能起这种作用。状语和补语的位置最容易发生虚化（解惠全，1987）。

当然，即使是补语，其内部的小类虚化的容易度也是各不相同的，其中最易虚化的就是结果补语。这从体标记的虚化大多源于结果补语中可以看出。我们知道，绝大多数体标记的形态化过程为：

独立动词 → 连动式中的后一动词 → 补语 → 体标记

动补结构的类推作用或句法位置紧邻的谓位与补位所形成的动补句法槽的整合作用，使语义上指向动词的补语动词，一旦进入了补位，就会丧失自身的很多词汇意义而带上了补语位的句法位置义——表示动作的结果、完成或状态。汉语中上述高频虚化的补语动词之所以会虚化并且都含有"完成"义，很可能就是受补位的影响。

2. 与这些动词的语义指向有很大关系：语义都指向谓语动词。

语义指向主语或宾语的补语，虽然也表示动作的结果，但虚化程度是很低的，如以下语义指向主语的补语"醉""累"，语义指向宾语的补语"错""败"：

（1）我喝醉了酒。

（2）我写字写累了。

（3）我写错了一个字。

（4）中国队战败了日本队。

有些形容词补语虽然语义也指向谓语动词，但不是说明动作的结果，而是说明动作发生早晚的，这些补语的虚化程度也很低，如：

（5）他上课来晚了。

（6）他 800 米跑慢了。

3. 这些动词都是结果补语，语义上表示动作的完成，是动作的最一般的结果。

对于动补组合来说，一个既定的动词常常跟一个与只有最自然因果关系的特定结果成分共现，即动词对补语有可预测性，比如与"吃"最常搭配的是"饱"，与"打"最常搭配的是"死"。而有些结果补语通过动词是无法预测的，比如一些偏离性结果补语，像"挖浅了""剪长了"等，它们的语义联系都是临时搭配起来的。

第四节　完成体与完成体构式的方言类型学

一　完成体的跨方言考察

汉语方言中完成体，按其编码方式的不同，可以有以下 5 类：（一）重叠；（二）内部曲折；（三）有、无＋动词性成分；（四）儿化；（五）动词＋助词或语气性成分。下面结合具体的方言来对上面的 5 种完成体表达方式作进一步的分析，方言语料没有标注出处的都来自黄伯荣（1996）。

（一）重叠

浙江吴方言的单音节动词重叠可以表示动作的完成，例如永康话：

（1）饭食食再去吧！

　　吃了饭再去吧！

（2）信寄寄就来。

　　寄了信就来。

（二）内部曲折

1. 陕西商县话的完成体

商县话动词的完成体除了用词尾"了"以外，还能用而且多用变调和变韵（即内部曲折）的办法来表达，语法意义跟"了"完全相当，而且可以用"了"去替换，如：

（3）他吃［tʃ］饭啦没有？

2. 粤方言的完成体

粤方言动词的"休"除用家动词的词尾来表示外，还可以利用动词本身变调的方式来表示，如：

（4）我食啦。

（5）据来了。

（三）有、无或头＋动词性成分

1. 闽南话的完成体

闽方言"有"的用法很多，其中之一是放在动词的前面，表示完成时态。如：

（6）福州话：
　　我有收着汝个批。
　　我收到了你的信。

（7）厦门话：
　　伊有食我无食。
　　他吃了我没吃。

（8）台北话：
　　我有卖。
　　我买了。

（9）潮州话：
　　你有睇电影阿无？
　　你看了电影没有？

2. 闽东话的完成体

闽东话在动词前面加"有"，来表示动作是现在完成体，如：

（10）我有看。
　　　我看了。
（11）我有吃。
　　　我吃了。

3. 广东海丰话的完成体

海丰话的"有"可以表示完成体：

（12）你星期日有去游泳仔无?
　　　你星期天去游泳了吗?
（13）伊咀有做班长无?
　　　他现在当班长了吗?

4. 宁夏中宁话的完成体

中宁话动词的完成体，有一种表示法普通话里没有，那就是在动词性词组前加"头"。用这种形式陈述曾经发生的事情，是过去完成体。如：

（14）昨头到家就天黑了。
（15）头他来车早就开走了。

用这种形式预测将要发生的事情，是将来完成体。

（16）头鸳鸯回来麦子就割罢了。

（四）儿化

1. 山东海阳话的完成体

海阳话的动词儿化后，可以表示动作的完成，儿化后的动词与普通话的动词加"了"相当，"上儿山"相当于普通话"上了山"，再如：

下儿课、打儿井、救儿一命、踢儿一脚

2. 山东牟平话的完成体

普通话中动词带时态助词"了"的形式，在牟平方言中表达为动词儿化的形式，这类动词必须在句子中间，不能在句末。如：

（17）拆儿东墙补西墙。
（18）笑掉儿大牙了。

（五）动词 + 助词或语气性成分

这种完成体的表达方式在方言中很多，下面就用图表的方式，简单地描述一下下面21种方言中的完成体表达方式。

方言名称	完成体标记词	方言例句
河北昌黎话	嚼	他请嚼一桌客。
山东菏泽话	喽	他问喽他啦。
山西洪洞话	略	兀堆粪就拉略十几车。
青海西宁话	给	炉子生给了。
宁夏固原话	咧	吃咧、走咧、上课咧
新疆汉话	下	你开车撞下人就算完咧吗？
上海话	勒	吃勒姆妈做个点心再跑。
江苏丹阳话	则	下则班就走咧。
浙江通园话	仕	吃仕饭勒去。
安徽巢县话	吱	饭吃过吱了。
安徽歙县话	哩	下哩课就走啰。
湖北荆门话	哒	香味浓哒一桌子。
湖北浠水话	了	我看了半天书。
江苏淮阴话	得	他走得啦？
四川话	起	他还会把哪个抓起去枪毙么？
四川西渭话	酉	他睡酉了一个小时。
贵州贵阳话	得	他在那家铺子买得力两包烟。
福建福州话	礼	汝食礼饭再行嘛。
广州话	咗	我做咗一日功课。
广州阳江话	都	其吃都饭至去村。

　　下面来看一些具体方言点完成体的描述。根据赵元任（1928）和钱乃荣（1992），北部吴语的宜兴、溧阳、丹阳、常州等地，"则〔tse？〕"可以完成体标记（引自钱乃荣，1992）：

（19）你吃了饭再去。
宜兴：你吃则饭再去。
溧阳：你吃则饭再去。
丹阳：你吃则饭再去。
常州：你吃则饭再去。

　　同样，苏州（钱乃荣，1992）、庐江（洪波，1996）、枞阳等地的"仔"，桐城、怀宁（海口镇）（江蓝生，1995）等地的"之"以及巢县的"吱"也用作完成体标记：

（20）你吃了饭再去。
苏州：你吃仔饭再去。
庐江：你吃仔饭再去。
枞阳：你吃仔（饭）再去。
桐城：你吃之（饭再去）。
怀宁：你吃之（饭）再去。
巢县：饭吃过吱了。

　　安庆话、休宁话（平田昌司、伍巍，1996）以及闽语平和方言（庄初升，1998）的"着"也用作完成体标记：

（21）他发着一顿脾气。（安庆）
　　　他发了一顿脾气。
（22）渠发着一顿脾气。（休宁）
　　　他发了一顿脾气。
（23）一下手仔颂着四五。（平和）
　　　领一下子穿了四五件。

靖江、绍兴等地，（钱乃荣，1992）"勒"也可以表示完成体标记：

（24）你吃了饭再去。
　　靖江：你吃好勒饭再去。
　　绍兴：你吃勒饭再去。

温州话的虚词"来"也可以有完成体标记，以下引自游汝杰（1995）：

（25）赢来了一个番钿。
　　　赢了一千块钱。
（26）买来了三个苹果。
　　　买了三个苹果。

平远客话（严修鸿，1998）的"唻"相当于"了1"：

（27）你食唻饭再到转来 。
　　　你吃了饭再回来。
（28）我去图书馆借唻两本书。
　　　我去图书馆借了两本书。

根据杨秀英（1991），台湾闽南话里，"了"除了作谓语动词外，还可以做动相补语：

（29）阿英衫洗了。
　　　阿英衣服洗完了。
（30）阿英衫洗了（后）著出门。
　　　阿英洗了衣服后就出门了。

泉州方言（李如龙，1996）在连谓句里可以用"嘞"表示完成，例如：

（31）电影看嘞则去。

电影看完再去。

福州方言（冯爱珍，1993）里"咧"也可以表示完成体标记：

（32）食咧饭行。

吃了饭走。

现代汉语方言里"得"也有完成体助词的用法。例如：

（33）江阴（钱乃荣，1992）：

你吃得饭再去吧。

你吃了饭再去。

（34）绍兴（王福堂，1959）：

他是吃得饭走的。

他是吃了饭走的。

（35）金华（曹志耘，1996）：

渠个团许得汤溪。

他的女儿许给了汤溪的一户人家。

（36）绩溪（赵日新，2001）：

我吃得再去。

你吃了饭再去。

二 完成体构式的跨方言考察

1. 苏州方言中的完成体构式

苏州方言的完成体标记有"仔"和"好"。句法上"好"跟"仔"大体相同，但还存在一些差异。完成体标记"仔"和"好"有一个相同的使用条件，那就是它们的后面必须"有后续动词短语或分句"。如（刘丹青，1996）：

（1）俚刚刚吃仔药，勿好吃茶。

（2）俚写好文章拔给我看看。

2. 宁波方言中的完成体构式（阮桂君，2006：41）：

（3）饭吃仔再看电影。
　　　饭吃了再看电影。

（4）脚丈仔再困觉。
　　　脚洗了再睡觉。

3. 海盐方言的完成体构式

海盐方言的完成态是动词或形容词后面带助词"哩"或"仕"，意义是动作或状态变化的完成。如（胡明扬，1996）：

（5）倷气哩/仕夜饭（勒）来别相。
　　　你吃了晚饭来玩儿。

（6）等见哩/仕伊（勒）再讲。
　　　等见了他再说。

完成态助词"哩/仕"只用在连动式前一个动词或形容词后面，相当于普通话的"了1"。"哩/仕"表示动作或状态变化完成以后怎么怎么，所以常常跟表示动作先后顺序的结构助词"勒"连用。

4. 安仁方言的完成体构式

安仁方言的完成助词是"嘎"，用在单音节动词之后，表示动作的结束。如（陈满华，1996）：

（7）看嘎四本书。
　　　看了四本书。

（8）吃嘎几下烟。
　　　抽了几下烟。

但完成助词"嘎"的使用是受限制的，限制条件之一就是，没有独立的"V＋嘎＋O"结构，必须有后续分句（短语）才能成立，如：

（9）洗嘎衣裳睏一觉。

洗完/了衣服睡一觉。

（10）看嘎戏我就回去。

看完/了戏我就回去。

5. 福州方言的完成体构式

福州方言的"吼"，其语法意义相当于普通话的"了1"。"吼"放在动词后，不独立成句，带有后续成分，表示"吼"之前的动作完成后出现另一种动作或状态，如（郑懿德，1996）：

（11）我讲吼汝固会精。

我说了你会吃惊的。

（12）汝饭食吼再行嘛。

你吃了饭再走嘛。

6. 福建连城客家话的完成体构式

连城客家话的完成体构式有以下两个（项梦冰，2002）：

A. VP1 ＋已 ＋时（,）VP2

（13）巨食了饭已时（,）就去洗衣服。

她吃完饭了之后呢就去洗衣服。

（14）面洗干净已时（,）巨唔又入间去梳头（已）。

脸洗干净后呢，她又进房间梳头去了。

B. VP1 ＋了 ＋（时）＋VP2

（15）灯关撇了正睡着。

灯关之后才睡着。

（16）下课了再去。

下了课再去。

7. 闽南话的完成体构式

闽南话在表示做完一件事，又做了另一件事，或表示某一件事发生以后，义发生另一件事，它有两种句式（梅祖麟，2000）：

A. OV－了，VP2

（17）阿英衫洗了始去眠。
　　　阿英衣服洗完后才去睡。
（18）阿英手洗了始倚来食饭。
　　　阿英手洗完才靠过来吃饭。

以上例（17）中的"洗了"相当于普通话中的"洗完"，意思是说衣裳一件一件洗，一直到洗完才去睡觉。例（18）中的"洗了"相当于普通话的"洗好"（因为手是不能被洗完的），意思是洗手这个动作完满结束后才靠过来吃饭。

B. VP1 了后，VP2

（19）阿英洗衫了后出门。
　　　阿英洗了衣服后就出门了。
（20）煮饭了后落去煮菜。
　　　煮好饭后接着煮菜。

8. 粤语南宁白话的完成体构式（林亦、覃凤余，2008：326）

（21）厅日我落晒班就去买火车票。
　　　明天我下了班就去买火车票。
（22）哴晒口问至睡觉。
　　　漱了口才睡觉。

9. 天台方言的完成体构式（戴昭明，2003）

（23）做阿功课再去嬉。
　　　做完功课可去玩儿。
（24）我是啜阿饭来咯。
　　　我是吃了饭来的。

10. 吴语区的完成体构式

钱乃荣（1992）对吴语区 33 个方言点的对应普通话完成体构式"我吃完了饭做活"的表达方式进行了调查，我们摘取其中有代表性的 10 个方言点，例句如下所示：

(25) 我吃完则饭做事体。（常州）

(26) 我吃好饭做生活。（无锡）

(27) 我吃脱仔饭再做生活。（苏州）

(28) 我吃好勒饭做事体。（上海）

(29) 吾奴饭吃好再做生活。（嘉兴）

(30) 我吃好饭做事体。（杭州）

(31) 我吃完勒饭再做生活。（绍兴）

(32) 我饭吃好再做生活。（宁波）

(33) 我饭吃黄干事干。（温州）

(34) 我吃好勒饭做事葛。（金华）

第八章

完成体构式中的"异构同义"现象

卢英顺（2005：197）认为，在动宾和一些动补结构中，"了1"往往是介于"动宾"或"动补"之间的，这时的"了"只对前面的动词起作用。他认为有必要区分两个平面的层次：句法平面的层次和语义平面的层次。从句法平面的层次切分来看，这样的"了1"只和动词连在一起。这种事实往往使人误解，认为"了1"只和该动词有关。其实，在语义平面的层次上，如果我们把一个简单的行为看作一个"事件"的话，那么"了1"是属于整个事件的，即"事件＋了1"。比如"这本书我看了三天"的语义结构是"我看这本书三天＋了1"，这种语义结构"映射"到句法结构就成了"我看这本书看了三天"。

卢先生的分析很有说服力，它启发我们讨论古代汉语与现代汉语表达"事件完成"义的句法格式的"异构同义"现象，即两种不同的句法形式表达相同的语法意义。通过对古代汉语的表"完成"义动词或助动词的研究，我们发现卢英顺的这一观点是有坚实的汉语史语料的支撑。

第一节　汉语中的完成体构式

汉语表示完成的句式有两种格式：1）V＋O＋完（"完"为表示完成义的动词、助动词或体标记）；2）V＋完＋O。梅祖麟（1981）把"V＋O＋完"称为古代汉语的完成貌句式，把"V＋完＋O"称为现代汉语的完成貌句式。

格式1）"V＋O＋完"在战国时期就已出现了个别用例，两汉时期获得了大发展。完成动词位于动宾组合之后，表示动宾组合所叙述的一件事情的完结，"完"表示这个过程的完成。并且"V＋O＋完"格式后面一般还有一个分句，表示这件事结束之后，接着出现另一件事，这两件事在时间上前后相继。

战国西汉新兴的"已"字用法，是出现于上句句末，下面跟着下句。这种"已"字表示完成貌——做完甲事再做乙事，也可以说有承上启下的功用。同样一件事，也可以把它看成和另一件事情前后关联——也就是说，做完甲事再做乙事，或者甲事发生了再发生乙事。

（1）目连言讫，更往前行。须臾之间，至一地狱。（《敦煌变文集》）

（2）太子闻已，欢喜非常，下马虔恭于一心，合掌礼拜于三宝。（《敦煌变文集》）

（3）作此语了，遂即南行。行得廿余里，遂乃眼耳热，遂即画地而卜。（《敦煌变文集》）

结果补语也表示完成貌，一件事总要完成以后才能有结果，也必得同时表示完成。如"折断绿柳枝"，"断"是结果补语，表示"折"的结果，"折断"这件事完成后，才有"绿柳枝断了"的结果。

下面是我们检索到的古汉语中的部分"V + O + 完"格式的完成貌构式：

（4）王德修言，一日早起见和靖，使人传语，令且坐，候看经了相见。少顷，和靖出。某问曰：先生看甚经？曰：看光明经。（《朱子语类》）

（5）且如今日说这一段文字了，明日又思之；一番思了，又第二、第三番思之，便是时习。今学者才说了便休。（《朱子语类》）

（6）曰："做这一事，且做一事；做了这一事，却做那一事。今人做这事未了，又要做那一事，心头千头万绪。"（《朱子语类》）

（7）问："山居颇适，读书罢，临水登山，觉得甚乐。"曰："只任闲散不可，须是读书。""又言上古无闲民。其说甚多，不曾记录。大意似谓闲散是虚乐，不是实乐。"（《朱子语类》）

例（4）是"等看完了经书再见面"，例（5）是"现在的学习的人刚学完，就不思考了"，例（6）是"古人做完了这件事，才去做另外一件事"，例（7）是"读书结束"。以上都是事件连续发生，前一事件表示背景信息，主要说明后一事件发生的时间背景。前一事件完成或结束，后一事件接着发生。

格式2）"V＋完＋O"在先秦刚刚萌芽，"完"也只限于"毕、卒、尽"寥寥数个。两汉时期，其用法位逐渐扩大，使用频率迅速增加，"完"又添加了"已、罢、成"，其中"毕、已"使用最为频繁。在格式2）中，我们把"V"当作一个事件的过程，"完"表示这个事件过程的结束，这种意义和"V＋O＋完"所表示的意义是一样的，都表示某个过程的结束，"完"都有自己独立的意义。下面是我们检索到的古汉语中的部分"V＋完＋O"格式的完成貌构式，有的例句中的宾语O提前了。

（8）员外妈妈并哥嫂一齐起来，大怒曰："这早晚东方将亮了，还不梳妆完，尚兀子调嘴弄舌！"（北宋《快嘴李翠莲记》）

（9）次日收拾起程，王定与公子送别，转到北京，另寻寓所安下，公子谨依父命，在寓读书，王定讨账。不觉三月有余，三万银账，都收完了。（元《玉堂春落难逢夫》）

（10）遂遣黄忠、魏延领兵前进。费观听知玄德兵来，差李严出迎。严领三千兵出。各布阵完。（明《三国演义》）

（11）萧嘉穗将那数张纸都写完了，悄地探听消息，只听得百姓们都在家里哭泣。（明《水浒传》）

（12）有光禄寺三部各官回奏道："臣等自八日奉旨，驸马府已修完，专等妆奁铺设。合卺宴亦已完备，荤素共五百余席。"（明《西游记》）

（13）玳安说："家中有三个川广客人，在家中坐着。有许多细货要科兑与傅二叔，只要一百两银子押合同，约八月中找完银子。大娘使小的来请爹家去理会此事。"（明《金瓶梅》）

一般叙述性话语都采取以一条叙述主线贯穿起来的表达策略。说话人为了区别主线和副线，自然要调用一些语法手段标明哪些是居于主线上的前景（foreground）信息，哪些是居于副线上的背景（background）信息。Hopper（1979）指出，在叙事语篇中，叙述故事主线、构成语篇框架的部分是前景；自身并不叙述主要事件而是对叙述加以补充或评论，属于从属或支持性的部分为背景。在篇章中，一般情况下，前景信息是主要信息，背景信息只是辅助信息。跨语言的研究表明，前景信息和背景信息的区别在各种语言中都有不同程度的体现。比如，在 Swahili 语中，在叙述主线上表示前景的动词都要加前缀‐ka，表示背景信息的动词都要加前缀‐ki。Hopper（1979）还发现，背景和前景的区别在许多方面均有体现：

　　1）信息结构不同。背景中，新信息在谓语前面；前景中，新信息在动词本身及其补足语上。

　　2）动词情状不同。背景中，往往是延续（durative）、静态（stative）、反复（iterative）动词；前景中，往往是终结或点状（punctual）动词。

　　3）体貌类型不同。背景与非完整体（imperfective）大致对应；前景与完整体（perfective）大致对应。

跨语言的研究表明，动词时体标记产生的根源就在于前景信息的突出。在汉语里，使用时体助词的谓语在话语中往往是高度前景化的，具有明显的动态性。以上讨论的汉语完成体构式，前一事件表达的是前景信息，后一事件表达的是背景信息。

第二节　完成体构式与"异构同义"

表示动作或事件完成、结束的句法结构形式，经历了从古代汉语"V + O + 完"到近现代汉语的"V + 完 + O"的转变。虽然句法结构形式发生了变化，即"完"从宾语后移到了宾语前，但整个结构所表示的语法意义并未发生变化。这样就造成了句法形式演变与语义演变的不对称现象，或形式与意义之间的"意义滞留"，即变化后的形式仍然保留原来形式的意义，一个形式已经由 F1 变为 F2（沈家煊，1999）。这一现象非常特别，它与语法化中的语法形式的变化总是滞后于语义的变化（即"滞后原则"）正好相反，也是萨丕尔在《语言论》（1921）里谈到词义虚化时指出的"形式比它的概念内容存活得长久"的反例。因而此语法化反例具有极其特殊的价值。

以上的扭曲关系，如果结合以下图示来说明就是：意义甲对应形式A，意义乙既可以是形式A，也可以是形式B；前者是一个意义对应一个形式，后者是一个意义对应两个形式（沈家煊，1999）：

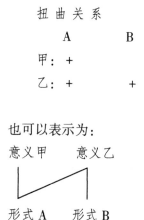

```
扭 曲 关 系
        A          B
甲：   +
乙：   +          +
```

也可以表示为：

```
意义甲    意义乙

形式A    形式B
```

甲是古汉语中表示"事件完成"，乙是近现代汉语中，表示"事件完成"。A是句法形式：V＋O＋完；B是句法形式：V＋完＋O。下文将会分析到，在宋以前表示"事件完成"这一语法意义的句法格式只有"V＋O＋完"。从宋代开始，表示"事件完成"有两种句法格式，即"V＋O＋完"和"V＋完＋O"。从清末开始"V＋O＋完"格式逐渐消失，只有"V＋完＋O"这一种格式来表示"事件完成"。

从上面可以看出，在古汉语中，表示"事件"完成的语法意义甲，只有一种句法表现形式A，即"V＋O＋完"。这一格式战国时期已出现了个别例子，如（梅祖麟，1999）：

（1）攻齐已，魏为□国……（战国《帛书》）

（2）卜先以造灼钻，钻中已，又灼龟首，各三；又复灼所钻中曰正身。（西汉《史记》）

从两汉开始，这一个格式获得很大的发展，如：

（3）丞相奏事毕，因言曰："陛下爱幸臣，则富贵之。至于朝廷之礼，不可以不肃！"上曰："君勿言，吾私之。"（西汉《史记》）

（4）成都侯商代为大司马卫将军，永乃迁为凉州刺史。奏事京师讫，当之部，时有黑龙见东莱，上使尚书问永，受所欲言。（东汉《汉书》）

（5）"更使酌与王，王饮酒毕，因自得解去。未出户，江叹曰：人自量，固为难！"（六朝《世说新语》）

（6）谢公与人围棋，俄而谢玄淮上信至，看书竟，默然无言，徐向局。客问淮上利害，答曰："小儿辈大破贼。"意色举止，不异于常。（六朝《世说新语》）

（7）施功既讫，粪塔如初，在大塔南三步，婆罗门不信是粪，以手探看，遂作一孔。（六朝《洛阳伽蓝记》）

"V＋O＋完"和"V＋完＋O"两种结构虽然表意相同，但由于句法结构不同，主要是"完"的位置不同，这就决定了"完"是否能够虚化。"V＋O＋完"中的"完"由于作全句的谓语，是对"V＋O"这个事件的陈述，说明某个事件变化的完成或实现，是个十足的实义动词，而"V＋完＋O"中的"完"很容易虚化为体貌范畴。

第三节 从"V＋O＋完"到"V＋完＋O"

从宋朝开始，表示"事件完成"除了以前的"V＋O＋完"句法形式外，又出现了一种新的方式："V＋完＋O"。两种形式相比较，B种形式更常用。

据曹广顺（1998）的调查，在《太平广记》的《原化记》中开始出现"V＋完＋O"格式。《太平广记》是北宋初年李昉等人奉宋太宗之命集体编撰的大型类书，而其中的《原化记》至少成书于北宋以前，大约是唐五代的作品。也就是说，"V＋完＋O"格式在唐五代时期就已经出现了。

（1）言讫，出门。忽闻叫声，奴辈寻逐，无所见。循虎迹，十

余里溪边，奴已食讫一半，其衣服及巾鞋，皆叠折置于草上。盖虎能役使所杀者魂神所为也。（《原化记》）

（2）古迹传多代，仙山管几峰。微泉声小雨，异木色深冬。去毕三年秩，新诗箧不容。淮南送友人归沧州风色忽西转，坐为千里分。（《全唐诗》）

从宋代开始，"V+完+O"格式广泛应用，如：

（3）至是，又请曰："大学已看了，先生解得分明，也无甚疑。论语已看九篇。今欲看毕此书，更看孟子，如何?"（宋《朱子语类》）

（4）每日清早晨起来。师傅根前受了书。放学。家里吃完了饭。再到学里写仿。（元末明初《老乞大新解》）

（5）于是看裁完了衣服，便衣出来了，书房内见伯爵二人，作揖坐下，韩道国打横。吃了茶，伯爵就开言说道："韩大哥，你有甚话，对你大官府说。"（明《金瓶梅》）

（6）作酸笋鸡皮汤，宝玉痛喝了两碗，吃了半碗碧粳粥。一时薛林二人也吃完了饭，又酽酽的沏上茶来大家吃了。（清《红楼梦》）

（7）当下吃完茶，劝开这一场闹，三人又谢郭铁笔。郭铁笔别过去了。卜诚、卜信回家。（清《儒林外史》）

（8）金、玉姊妹见他把方才的话如云过天空，更不提起一字，脸上依旧一团和容悦色，二人心里越发过意不去，倒提起精神来，殷殷勤勤陪他谈笑了一阵。吃完了酒，收拾收拾，三个人便到了上房。（清《儿女英雄传》）

跟"V+完+O"格式相对，从唐以后，表示"事件"完成的"V+O+完"格式继续使用，如：

（9）其僧应喏，便去库头。当时百丈造典座，却自个分与他供养。其僧吃饭了便去。（唐五代《祖堂集》）

（10）斋后入涅盘院，见法贤座主弥高阁殿裹讲摩诃止观，有四十余僧列坐听讲。便见天台座主志远和上在讲筵听止观。堂内庄天精

妙难名。座主云：讲第四卷毕。待下讲，到志远和上房礼拜。(唐五代《入唐求法巡礼行记》)

(11) 问：山居颇适，读书罢，临水登山，觉得甚乐。曰：只任闲散不可，须是读书。(宋《朱子语类》)

(12) 拜先生讫，坐定。先生云：文振近看得文字较细，须用常提掇起得惺惺，不要昏晦。(宋《朱子语类》)

(13) 说书罢又做什么功课？到晚，师傅前撤签背念书。背过的，师傅与免帖一个；若背不过时，教当直的学生背起，打三下。(元末明初《老乞大新解》)

(14) 放学，到家里吃饭罢，却到学里写仿书；写仿书罢，对句，对句罢吟诗，吟诗罢师傅前讲书。(元末明初《老乞大新解》)

(15) 王六儿接著里面吃毕茶，西门庆往后边净手去。看见隔壁月台，问道：……吃了一回，潘金莲与玉楼、大姐、李桂姐、吴银儿。(明《金瓶梅》)

(16) 因此大家都往前头来见王子腾的夫人，陪着说话。吃饭毕，又陪入园中来，各处游玩一遍。(清《红楼梦》)

在唐代之前，完成貌的表达形式主要是"V＋O＋完"，其中"完"包括魏晋到晚唐的"已、讫、毕、竟"，以及晚唐以后出现的"了"。下面就以"了"为例，来看从"V＋O＋完"到"V＋完＋O"这一演变的动因。

梅祖麟(1981)指出，六朝时期产生了"V1＋O＋V2"这种完成体句式，其中 V2 是"结束、完成"义动词。从魏晋前后起，在完成体句式"V1＋O＋V2"中用于 V2 的动词还有"毕、讫、已、竟"。从魏晋到晚唐，"V1＋O＋V2"中的完成动词，可以用"已、讫、毕、竟"。换句话说，动词"了"可以和同义词"已、讫、毕、竟"在上述结构中互换。到了晚唐五代，也就是近于 952 年的《祖堂集》成熟的时代，"了"的出现频率要大大高于"已、讫、毕、竟"。此后，"了"在 V2 位置上占据的优势愈加明显，并最终归并了"已、讫、毕、竟"，即：

V＋O＋了/毕/讫/已/竟 ＞ V＋O＋了

词汇归并过程结束之后，紧接而来的是结构变化，即宾语移到第二动词之后。

$$V + O + 了 \rightarrow \quad V + 了 + O$$

汉语学界对从"V＋O＋了"到"V＋了＋O"变化的动因，观点主要有两种：第一种观点认为是"前移"的结果；第二种观点认为是"后加"。

持第一种"前移"观点的有：赵金铭（1979）、王力（1980）、梅祖麟（1981、1999）。赵金铭（1979）认为"了"的虚化始于"动＋宾＋了"格式的出现，而后"了"跨过宾语形成"动＋了＋宾"，从而完成了整个虚化过程。梅祖麟（1981）认为动补结构在南北朝和唐代有两种形式："动＋宾＋补"和"动＋补＋宾"。结果补语这两种语序促使"了"字挪到动词和宾语之间。梅祖麟（1999）认为，10世纪后，"动＋宾＋了，下句"里的"了"往前挪，挪到动宾之间，于是句子变成了"动＋了＋宾，下句"。

持第二种"后加"观点的有：吴福祥（1998）、石毓智（2003）、梁银峰（2006）。吴福祥（1998）认为，"了"先在"动＋了"格式中虚化为动相补语，然后带上宾语就形成了"动＋了＋宾"格式。石毓智（2003）也认为，"了"首先在"动＋了"这一句法环境中虚化为完成体标记，"了"与动词形成一个句法单位，然后就可以自由地带宾语了。

$$V + 了_{动} \quad \rightarrow \quad V + 了_{助} \quad \rightarrow \quad V + 了_{助} + O$$

虽然各位方家对这一变化的原因，有不同的解释，但在演变的时间上还是达成了一致，都认为这一变化是发生在晚唐五代（王力，1958；曹广顺，1986；梅祖麟，1981、1999；吴福祥，1998；梁银峰，2006）。

蒋绍愚（2005：151）认为，在近代汉语中，除了动态助词"了"，还有事态助词"了"。动态助词"了"和事态助词"了"的区别在于：前者表示动作的完成，它紧贴在动词后面，如果有宾语时，总在宾语的前面；后者表示事件的完成，它总是处于句尾，如果有宾语时总在宾语后面。

结合上文的分析，蒋先生这里的动态助词"了"的带宾用法，可以表示为：V + 了 + O；而事态助词"了"的带宾用法可以表示为：V + O + 了。上面分析了句法形式与语义的不对称现象，"V + 完 + O"表达的意义却是"V + O + 完"。同样，这一规则可以用来分析"V + 了 + O"和"V + O + 了"。如果这样的话，那么上面蒋先生的分析，我们认为是有问题的。动态助词"了"和事态助词"了"之间并没有本质的区别：它们表达的语法意义是相同的，只是句法结构形式上略有不同，前者"了"在宾语前，后者"了"在宾语后。

我们认为，如果"了"要只表示动作完成，那动词就不能再带宾语，即只能是：V + 了。只要动词后带宾语（动宾结合叙述一个事件，如"吃饭、喝酒、唱歌、逛街、打球、散步"，等等），那么无论"了"在宾语前还是宾语后，"了"表示的语法意义只能是事件的完成，不可能只表示动作的完成。比如：

吃完饭 = 吃饭完   喝完酒 = 喝酒完

唱完歌 = 唱歌完   逛完街 = 逛街完

打完球 = 打球完   散完步 = 散步完

只不过" = "左边是现代汉语的表达方式，右边是古代汉语的表达方式。古汉语表示完成的动词"已、讫、毕、竟"都处在完成体句式"V1 + O + V2"中"V2"的位置。

第四节   "V + O + 完"格式的逐渐消失

"V + 完 + O"格式在晚唐五代产生以后，旧有的"V + O + 完"格式并未立即衰落，两种格式在很长一段时间内一直并用。这符合语法化中的"并存原则"，即一种语法功能可以同时由几种语法形式来表示，一种新形式出现后，旧形式并不立即消失，新旧形式并存（沈家煊，1994）。进入元、明、清以后，情况有所变化，在语法化"择一原则"（即能表达同一语法功能的多种并存形式经过筛选和淘汰，最后缩减到一种）作用下，"V + O + 完"格式消失，只留下的"V + 完 + O"格式。

唐五代后，汉语的体标记相继建立，到了元、明之际，三个体标记

（"了、着、过"）已经相当成熟，受体标记的类推作用的影响，"V +
O + 补"格式在汉语中完全消失。汉语的指动补语、描写主语补语、不及
物动词补语如果动词有宾语的话，只能在宾语之后。这些补语在唐宋及稍
后的时期，由于形态化的作用与动词组成一个句法单位，因而宾语只能在
其后。这种变化带来的后果是所在的格式走向衰落。在宋代，"V + O +
补"格式还相当常见，而到元、明就大幅度萎缩，《金瓶梅》中只有少数
几个与景有关的形容词才用这一格式，到了《红楼梦》时代就很难见到，
现代汉语完全不用，它的功能被其他结构取代（石毓智，2003）。我们对
《红楼梦》中"完"作补语的例句进行穷尽统计，没有一例"V + O + 完"
格式。

梅祖麟（1981）认为，结果补语在唐代可以放在两个位置，"动 +
宾 + 补"和"动 + 补 + 宾"。前一种形式后来消失了，这也可以看作补语
往前挪。梅祖麟认为，消失的原因是动补式动词数量多，创造力强，压倒
了"动 + 宾 + 补"这种格式。

最后需要强调指出的是，正如汉语普通话的其他语法现象在方言中都
能找到反例一样，虽然"V + O + 完"格式在普通话中消失了，但是在一
些方言中还存在此类格式，即存在"V + O + 完毕义动词"。至于此种格
式在汉语七大方言区中的存废情况，我们将专文进行讨论。

第九章

体貌研究概况与存在问题

第一节 "体貌"的含义及分合

"体貌"（aspect）又称"动相""情貌""动态""时态"等，也是语言表达中与事件的状况进程阶段密切相关的一个重要范畴，与"时"（tense）、"态"（mood）一起被称为动词的三大语法范畴，也是语言学的基本语法范畴之一。

体貌的概念比较抽象，目前的定义也不尽相同。

吕叔湘（1942）把体称为"动相"，认为动相指的是"一个动作的过程中的各个阶段"，动相虽然也与时间有关，但"时间观念已融化在动作观念里"。王力（1943）指出："时间的表示着重在远近、长短及阶段者，叫作'情貌'。"一年后（1944）他又指出："在语言里，对于动作的表现，不着重在过去、现在或将来，而又和时间性有关系者，叫作'情貌'。"

高名凯（1948：188）认为体"着重动作或历程在绵延的段落中是如何的状态，不论这绵延的段落是在现在、过去或将来；动作或历程的绵延是已完成的抑或正在进行，方为开始抑或已有结果，等等"。李临定（1986）认为："'体'是动词所体现的另一种重要语法范畴。它通常是指，在语流中，动词所显示的动作行为在进程中所处的不同阶段的状态。"戴耀晶（1997）从事件的角度提出体的定义：体是观察时间进程中的事件构成的方式。Comrie（1976：3）认为，体是对情状内在时间构成所持的不同观察方式（Aspects are different ways of viewing the internal temporal constituency of a situation）。

在目前的方言研究领域，一些学者提出了区分"体"和"貌"的问题。有的主张从意义入手加以区分，有的主张从形式入手或者形式、意义相结合进行区分。

张庆双主编（1996）的《动词的体》一书对东南部各方言点动词的体、貌范畴做了比较全面的讨论。书中各家都注意区分了体和貌。李如龙在"前言"中说："汉语的这类范畴确有自己的特点，和西方语言的 as-pect 并不完全相同，而各家语法书里所说的汉语的'体'范畴，实际上也包含着不同性质的事实。其中有些是表示动作、事件在一定时间进程中的状态的，有些则是和动作、事件没有关系或关系较少的情貌。例如'完成、进行'等都可以在动作事件进程中确定一定的时点或时段；而'尝试、反复'等则没有确定的时点或时段。所谓状态是人们对客观进程的观察和感受；所谓情貌往往体现着动作主体的一定意象和情绪。基于这样的认识，我们主张，把和 aspect 较为相近的前者称为'体'，而把后者称为'貌'。关于这二者的区别，虽然还讨论得不够深入，但是大家觉得它可能触及了汉语语法的重要特点，很值得今后继续研究。""经过初步比较，就东南方言来说，我们认为普遍存在的语法范畴，属于体的有完成、进行、持续、经历；属于貌的有短时、尝试、反复等，其中进行和持续在东南诸方言大多有明显的区别。"

郑定欧（2001）基于对广州话事实的大量考察，赞成体貌分立的观念。他认为，"体"代表"线"，表示过程，强调动作的时间性铺展，强调外在时间的作用结果，即体现为"完成与否"；"貌"代表"面"，表示非过程，强调动作的时间立体存在，强调内在时间的作用结果，即体现为"如何实现"。

关于"体""貌"的分合，我们认为这由研究的目的决定。如果研究的对象是整个体貌系统，那么对其内部进行细分，将"体""貌"分开研究是非常必要的。如果研究的只是体貌范畴中的某一个次范畴，那么对体貌是否区别对待意义就不是太大，譬如我们将重点研究的完成问题，就既可以叫完成体，也可以叫完成貌。比如陈前瑞（2003、2008）就把"短时、反复"这两个属于我们上面所说的貌范畴的成员，纳入到他的"情状体、阶段体、边缘视点体、核心视点体"四层级的体貌系统之中。

第二节　"体貌"的层级性

中国的学者对"体"没有提出明确的分类，他们所讨论的大部分只涉及动作进程中所处的阶段，如开始、持续、终止等，在下文的阶段体中我们再展开分析。下面先看国外几种较有影响力的分类，然后在此基础上再构建汉语的体貌系统。

Comrie（1976：25）根据观察方式的不同，把体分为"完整体"（perfective）和"非完整体"（imperfective）。非完整体分为"习惯体"（habitual）和"持续体"（continuous），"持续体"又可以分为"进行体"（progressive）和"非进行体"（nonprogressive）。分类系统如下图所示：

Smith（1991）在 Vendler（1967）、Comrie（1976）等的研究基础上，认为体貌包括相互作用又互相独立的两个部分：第一部分是由词汇手段表现出来的情状或情状类型（situation），基本的情状类型分为五类，即状态（state）、活动（activity）、结束（accomplishment）、达成（achievement）和一次性情状（semelfactive，如咳嗽、敲、跳等）；第二部分是由语法手段标记出来的视点或视点体（viewpoint aspect），其下面又可分为：完整体（perfective viewpoint）、非完整体（imperfective viewpoint）和中性体（neutral viewpoint）。可以看出，在 Smith 那里，体（aspect）所指的范围已经扩大，不仅包括显性的视点体，也包括隐性的情状体。

Olsen（1997）把体分为词汇体和语法体两种。词汇体指由动词和其他词汇成分所表现的情状的内在时间结构，也叫作情状体（situation aspect）或内在体（inherent aspect）。语法体指由某些助动词或词缀所表现的情状在特定时间所体现的状况，在汉语中表现为"在、着、了、过"及其表达的语法意义。词汇体包含了普遍的语义特征，主要有完成性（telicity）、动态性（dynamicity）和持续性（durativity）。语法体的普遍语义特征是完整性（perfective）和未完整性（imperfective）。

从上面的引述，我们可以把体分为两个部分：一是情状体，Smith（1991）、Olsen（1997）的体系统中都含有情状体；二是视点体，又下分为"完整体"和"非完整体"，这在 Comrie（1976）、Smith（1991）、Olsen（1997）都有体现。如果再加上汉语的阶段（phase）体，那么我们可以把汉语的体貌系统归纳为情状体、阶段体和视点体三个部分。这三种体，如果按照有无外在形态标记，又可以分为有外在形态标记的显性体和没有外在形态标记的隐性体，其中阶段体和视点体是显性体，情状体是隐性体。据此我们可以把汉语的体貌系统归纳如下：

$$
体\begin{cases} 隐性体\quad 情状体 \\ 显性体\begin{cases} 阶段体 \\ 视点体 \end{cases} \end{cases}
$$

我们之所以按照国外的做法，把"情状"也纳入到体系统之中，是因为这样可以把动作行为的外在时间结构和内在时间结构相结合起来。此前汉语中只从外在时间方面来研究体要更加精确和全面，希望这样能够更好地解决体问题。其实，郭锐（1997）已经认识到了这一问题。他说："体的研究一直是汉语语法的一个难题，其中一个原因是没有很好地划出体与非体的界限。"与我们的观点相同，他也认为，"体实际上是外部时间和内部时间共同作用的结果，具有系统性，就是说应该把体首先看作过程，即体是与外部时间的流逝过程相联系的；其次，体与谓词性成分的内在时间性是相关的，即体之所以有不同类型，是因为谓词性成分的内部过程相对于参照时刻有不同进展状况。"

第三节 "体貌"与"时制"的差异

体反映的是动作行为的状况或阶段，这就不可避免地与时间发生关系，只不过体所涉及的时间是动作的内在时间结构，如起始、持续和终止等。体并不关心这种动作或状况的发生时间，即发生在过去（如"昨晚我做完作业才睡的觉"）、现在（如"哈哈，作业终于做完了"）、还是将来（如"明天下班前我一定干完你布置的任务"）。再比如英语的完成体跟时制结合以后，可以是过去完成体、现在完成体、将来完成体三种形式。这与动词的另一个重要语法范畴"时制"（tense）恰好相反，"时制"强调动作发生的时间，即过去、现在还是将来，不去关注动作是在持续进行，还是已经完成。总之，"体貌"本身蕴含着时间，但并不表示"时制"。

体貌与时制的区别，王力（1985）已有所涉及，他指出："时间的表现，大多数族语是有的，然而各族语对于时间的看法却不相同。大致说来，人们对于事情和时间的关系：第一，着重在事情是何时发生的，不甚问其所经过时间的远近或长短；第二，着重在事情所经过时间的长短，以及是否开始或完成，不甚追究其在何时发生。前者可以罗马语系（法语、意大利语、西班牙语等）为代表，后者可以中国语为代表。"其实，王先生的第一种情况，说的就是汉语的时制，第二种情况，说的就是汉语的体，只不过王先生没有明确点明罢了。也就是说，欧洲人习惯从外部观察整个事件发生的时间，中国人则习惯深入过程内部观察其各个阶段的情况（龚千炎，1995）。龚先生的观点我们非常赞同，欧洲人习惯从外部观察整个事件发生的时间，这从印欧语的精确细致的时制划分中可以看出，如"过去时、一半现在时、一般将来时、现在进行时、过去进行时、现在完成时……"，而中国人则习惯深入过程内部观察其各个阶段的情况，这可以从汉语精细的阶段体的划分中体现出来，如"将行体→即行体→起始体→持续体→继续体→完成体→近经历体→经历体"（龚千炎，1995）。

第四节　"体貌"研究现状

陈前瑞（2003；2008）在最后"有待进一步研究的课题"时都指出，汉语的体貌还有以下几个方面有待于作进一步的研究。

1）情状体中目前还没有人运用情状理论对汉语的常用动词作穷尽性的分类，更没有人系统地讨论小句的情状是如何由动词与其他成分组合而成的；

2）如何在体貌系统中适当地处置动补结构；

3）进一步研究完成体与情态成分之间的关系；

4）体标记"了"的使用规律是什么，汉语体貌系统的无标记的现象也值得深入研究；

5）汉语在不同时期分别采用不同的标记来表达完成体意义，如上古的"矣"、中古的"也"、近代的"了也"与"了"。这些都是语法化研究的重要课题，且具有重要的类型学意义；

6）到目前为止，汉语方言学界和民族语言学界对汉语方言和民族语言的体貌问题进行了大量的研究，现有的材料可以进行一些类型学比较研究。

以上3）中关于体貌与情态成分之间的搭配限制，彭利贞（2007）已经作了系统的研究，我们不打算进行研究。从已有的相关研究文献来看，以上1）中的"讨论小句的情状是如何由动词与其他成分组合而成的"，以及2）"如何在体貌系统中适当地处置动补结构"，这两个方面还没有人进行研究，因而将是我们下文讨论的重点，主要集中在第十章。比如我们探讨句子情状的决定因素，情状之间如何进行转化，动结式的情状类型，以及句子的情状类型对补语虚化的影响等新型课题。此外，在下面的四章中我们还把动补结构的下位小类的动结式分别放在情状体、阶段体和视点体这三层级体貌系统中进行探讨，进而尝试分析以动结式"V单+完"为典型代表的完成体在整个体貌系统中的地位。

以上4）中体标记"了"的使用规律，我们在上文第三章从事件语义学和有界化这一新的角度进行了探讨。至于以上5）中不同时期分别采用不同的标记来表达完成体意义，我们在上文第七章中对完成体动词和助词的历史沿革，以及第八章完成体构式的历史演变过程作了详细的探讨。

以上6）中利用已有的方言材料和民族语言材料，对体貌作一些类型学比较研究，我们在第七章第四节完成体与完成体构式的方言类型学中，只进行了简单的跨方言比较。利用方言材料和民族语言材料，对体貌作一些类型学比较研究，则是最近几年我们集中精力的攻关课题，也是我们以后重要研究课题之一（即体貌的跨语言类型学研究）。

最后需要强调的是，完成体之所以能贯穿汉语的整个体貌系统之中，我们认为这跟完成体功能的复杂性有关。详见绪论部分第三节的分析。

第十章

"完成"在情状体中的地位

第一节 情状的含义及分类

戴耀晶（1997）认为，情状是指语言中动词表示的状态和方式，按照 Comrie（1976）的说法，即动词表示的是静止状态（state）还是活动状态（dynamic），是持续的方式（durative）还是瞬间的方式（punctual），是含有完成的意义（telic）还是不包含完成的意义（atelic）。

陈前瑞（2003）指出情状体是对事件抽象时间结构的表现，抽象的时间结构是指事件的纯命题意义所具有的如动态性、持续性、终结性等时间语义特征。

动词的情状意义很早就引起了研究者的注意，最早可以追溯到亚里士多德时代。亚里士多德首先注意到，有些动词的意义必然涉及某种结局，而有些动词则无结局的含义。这个现象在当代哲学家和语言学家中引起了广泛的兴趣。国外情状的主要理论基础为 Vendler（1967）、Smith（1991）、Olsen（1997）。从下面分析中可以看出，他们对情状的分类也是大同小异。

Vendler（1967）提出了以下著名的动词四分法，即活动（activity）、完成（accomplishment）、达成（achievement）、状态（state）。只表示状态的动词，叫状态动词。有起始点而没有自然结束点，但有中间过程的动词，叫活动动词。如果起始点、中间过程和自然结束点的动词叫完结动词。只有起始点和自然结束点，没有中间过程的动词叫瞬间动词。

Smith（1991）在 Vendler（1967）、Comrie（1976）的研究基础上，把情状体分为五类，即状态（state）、活动（activity）、结束（accomplishment）、达成（achievement）和单动作动词（semelfactive），即它的特征

之一是动作只开始一次，其没有出现结果，如咳嗽、敲、跳等。

Olsen（1997）基于有无缺值对立，把情状体分为状态（state）、活动（activity）、结束（accomplishment）、达成（achievement）四类。

情状体的类别	完成 （Telic）	动态 （Dynamic）	持续 （Durative）	例词
状态（State）			+	知道、是、有
活动（Activity）		+	+	跑、画、唱
结束（Accmplishment）	+	+	+	摧毁、建造
达成（Achievement）	+	+		死、赢

可以看出，状态和活动的主要区别在于，活动情状具有［＋动态］，而状态则是［－动态］，即状态都是静的。结束和达成情状的区别在于，结束情状具有［＋持续］，也就是说结束情状永远是持续的，达成情状永远是瞬间的。此外，状态与结束、达成之间，活动与结束、达成之间，也可以基于上图所表示的三组语义特征的有无，来进行比较。

国内汉语界对动词情状的分类，主要有张秀（1957）、马庆株（1981）、邓守信（1985）、陈平（1988）、龚千炎（1995）等。

张秀（1957）将汉语的"体"作了分类。一是一般体，按照词汇意义可以分为三类：

1）限界动词：这是表现有终极目的的动作的动词，也就是吕叔湘提出过的"一次性便算完成"的动词，如："来、丢、决定、遗失、成……"

2）持续动词：这是表现本身具有持续性、不间断性的动作或状态的动词，如："爱、恨、懂、是、知道……"

3）中性动词：不属于以上两类的就是"中性动词"，如："站、坐、找、劳动……"

二是持续体：造成持续的方法是一般体接尾部"着"，它把动作的持续性、不间断性用语法形式明确表示出来。三是限界体，分为"终结体""开始体""经验体""结果体""继续体"。

马庆株（1981）根据动词［±持续］的特征，把动词分为"持续动

词"（即能加"着"的动词）和"非持续动词"（即不能加"着"的动词）
两大类。然后根据动词带时量宾语表现出来的特点，用［±持续］、［±实
现］、［±状态］这几组语义特征，把动词分为4个小类，如下图所示：

结合上面的三组语义特征和马先生的分析，我们可以在下面的表格
中，把它们之间的区别表示出来。

	持续	完成	状态
"死"类	−	+	
"等"类	+	−	
"看"类	+	+	−
"挂"类	+	+	+

邓守信（1985）的观点大致是：情状中的活动类型表明纯粹的动作
过程，如"张三走路"；结束类型则表明到达了动作的目标，如"张三走
到了学校"；成就类型不牵涉动作而表明某种情况的出现，如"毛巾干
了"；状态类型只表明一个情况的存在，如"张三快乐"。

陈平（1988）认为："从句子的词汇意义上来看，有的句子表现静止
的状态，也有的句子表现动态的行为。将动态行为进一步细分，有的行为
表现一个瞬间动作，有的行为则可以有一定的延续时间；再将可以有一定
延续时间的行为进一步细分，有的的行为有内在的终结点，不大可能无休止
地持续下去，而有的行为则没有内在的终结点。"我们可以把陈平的这段
话用如下的图表表示出来：

```
         静态（状态）
动词 {        瞬间（达成）
         动态 {
                持续 { 有终结点（完结）
                       无终结点（活动）
```

然后陈先生根据 [±静态]、[±持续]、[±完成] 把汉语的句子表现的情状分为以下 5 类：

		静态	持续	完成
Ⅰ	状态	+		
Ⅱ	活动	−	+	−
Ⅲ	结束	−	+	+
Ⅳ	复变	−	−	+
Ⅴ	单变	−	−	−

龚千炎（1995）在陈平的基础上作了些变通，利用 [±静态]、[±动态]、[±持续/进行]、[±完成] 四组区别特征作为划分句子情状类型的标准，把句子分为以下 4 种：

	静态	动态	持续/进行	完成
状态情状句：	+	−		
活动结束句：	−	+	+	−
终结情状句：	−	+	+	+
实现情状句：	−	+	−	−

第二节　情状类型的决定性因素及转化

Comrie（1976：45）认为，情状不能只通过动词来表达，而是由动词及其论元（arguments），如主语和宾语。比如"约翰正在唱歌"是一个非完成情状，而"约翰正在唱一首歌"表示的则是一个完成情状，因为这个情状有一个终止点。"约翰正在唱许多首歌"是非完成情状，而"约翰正在唱五首歌"则又是完成情状。

Olsen（1997）把体貌分为词汇体（lexical aspect）和语法体（grammatical aspect）。词汇体所包含的普遍性语义特征主要有终结性（telicity）、动态性（dynamicity）和持续性（durativity）。语法体的普遍语义特征是 [+完整体 perfective] 和 [+非完整体 imperfective]。Olsen 认为体

是组成性的（compositional），某一特定句子的体是由构成词汇体的不同成分和构成语法体的语素共同构成的。

Xiao & McEnery（2004：60-78）认为句子的情状是3个层级规则合成的：核心（nucleus）、中心（core）、小句（clause）。合成过程由基本动词及其补语、NP论元、非论元附加语和视点体互动合成，并为句子情状的合成总结了12条规则（Rule），值得进一步参考。

陈平（1988）认为，句子的情状归类取决于所有句子成分词汇意义的总和，其中动词是基础，其他成分也起着重要的选择和制约作用。在决定句子情状结构的过程中，各类成分的力量并不平等，它们按作用的大小，形成以下的不等式。其中动词是最主要的因素，动词的词汇意义决定了它所在句子能够表现哪些种类的情状，而与动词连用的其他句子成分则决定了该句子实际表现了哪一种特征的情状类型。

动词 ＞ 宾语和补语 ＞ 主语 ＞ 其他句子成分

龚千炎（1995）认为，动词谓语往往决定句子的时间特征，其他句子成分对句子的时间特征具有相当的制约作用。具体的讲，动词的词汇意义是为句子的时间特征提供了某种可能性，但还是潜在的，只有运用到言语交际中去与其他句子成分一道构成句子，才在多种可能性中选择、确定了一种时间类型，才是现实的。

陈前瑞（2003）认为情状体首先是谓词的语义分类，然后才是谓词与其论元成分的语义分类。谓词前后的某些标记不属于情状体的范围（这与陈平的观点一致）。谓词本身的语义特征形成了事件抽象内在结构的重要基础，其他的名词性成分、副词性成分、介词结构也起一定的作用。小句的情状是由谓词及其相关成分组合而成，例如"打球"具有［＋动态］、［＋持续］的特征，是活动情状；"打一场球"是［＋终结］的特征，是结束情状。

尚新（2007）认为情状类型属于语义范畴，内在的时间特征是其分类依据。而情状的内在时间特征是"合成"操作的结果，由动词的内在语义特征、句子论元结构特征、论元的数量特征以及句中状语展现的时量和数量特征单一合成。尚认为，若从情状内在的时间构成来考虑，情状的确是一个层级组织系统。情状的最核心层为动词，其次是次核心层，包含句子中的补语词和宾语成分,因为补语词和宾语成分在同一个句子中共现,对情状的有界化功能具有一致性,如"我吃那些蛋糕"和"我吃完那些蛋糕"。最后是边缘层,包括对次核心层时间特征施加影响的所有附加成分的时间信息,如"我每天吃 3 个苹果"的"每天"。

关于句子情状类型的决定性因素,下面我们结合具体例子来展开分析。主宾语对句子情状类型的影响,可以在有相同的谓语动词构成的,但主宾语的语义指称发生变化的对比中体现出来,如以下两组句子:

A	B
看书	看《红楼梦》
跑步	跑 3000 米
喝酒	喝两瓶酒
打球	打一场球

以上 A 组表示的是活动情状,B 组表示的是结束情状。通过比较可以看出,两组短语句子的谓语动词都相同,不同的就是动词后面所跟的名词性成分(包括语素、词或短语)不同。

A 组动词后面跟的是宾语名词,都不具有个体性(individuality),在语义指称上都是"无指"的(non-referential),即只是着眼于该名词的抽象属性,而不是指具体语境中具有该属性的某个具体的人和事物。这样一来,因为动作所涉及对象的名词成分缺乏固定明确的时间界限,那整个情状也就不可能有一个内在的自然终结点,所以是活动情状。

B 组中的宾语都是"有指"(referential)的〔即一个名词性成分的表现对象是说话中的某个实体(entity)〕,又包括"定指"和"不定指":发话人在使用某个名词性成分时,如果预料受话人能够将其所指对象与同一语境中可能存在的其他同类实体区分开来,则该名词性成分是定指成分;反之,发话人预料受话人无法将其所指对象与语境中其他同类成分区分开来,则这一名词性成分是不定指成分(陈平,1987)。B 组中的"《红楼梦》"和"3000 米"都是"定指"的,"两瓶酒""一场球"则是"不定指"的。动词带上"有指"的名词性成分后,所表示的动作行为一般都有内在的自然终止点,所以整个情状是结束情状。

以上是从宾语的语义指称来看其对句子的情状类型的影响。其实,也可以换一个角度，从宾语数量特征的角度来探讨其对句子情状类型的影响。所谓宾语的数量特征，就是可数/不可数［±count］的区别。充当动词直接宾语的内在论元的［±count］属性直接对情状的［±telic］性质产生影响。因为具有［+count］属性的名词可以直接"量出"事件，为事件确定一个自然的终点。以上 A 组中的光杆名词宾语"书、步、酒、球"的数量特征，在没有特殊语境的情况下，一般都理解为［-count］，因此具有［-telic］性质。

B 组中的动词"看、跑、喝、打"作为活动动词其自身的［+telic］属性并不明确，但是它们的内在论元"《红楼梦》""3000 米""两瓶酒""一场球"为［+count］性质，这就为事件的进行确定一个终点，句子成为完成情状。这在英语中也有相应的体现，如英语动词 eat 其自身的［+telic］属性并不明确，只有与［+count］特征的直接宾语结合时，如 eat an apple，才能在短语层面确定［+telic］特征。而如果直接宾语具有［-count］特征，如 eat apples，短语层面则具有［-telic］的特征。同理，英语动词 write 是不能确定［+telic］特征的，在动词短语层面，write two letters 由于带［+count］性质的客体论元，其［+telic］性质就确定了。

句子中的主宾语等论元对句子情状类型的影响，即 Tenny（1987）指出的论元的体貌信息对句法的影响。一般动词的直接论元能在时间上"度量"动词所描述的事件，给其时间边界，所以动词与其所带宾语之间具有"限制性"，这被称为论旨角色的体信息。能够对动词描述的事件进行限制的直接论元是"受影响论元（affectedness）"；不能够进行限制的论元是"非受影响论元"。论元的受影响性是给动词所描述的事件提供一个终点，也就是与动词的体有关。表示宾语受影响的动词都隐含动作终点的意思。Tenny（1994）在《体角色与句法——语义界面》中则进一步指出，直接论元在体结构中扮演了非常重要的角色，其原因在于直接论元可以"量度"动词所指的事件，而且是唯一一种能够"量度"论元对事件的时间终点的标记。

下面来看一个宾语影响句子情状类型的有趣例子：在电脑上"打了个字母 P""打了个单词 party"。前一个动作敲一下键盘在瞬间就能完成，因而是达成情状。后一个动作要敲 5 下才能完成，因而是完结情状。再比如：

C	D
炸	鞭炮炸了半个小时
死	鸡正在不断地死去
拍手	手拍了足足三分钟

C 组所表示的动作都没有过程，动作在瞬间完成的达成动词。到了 D 组，由于动词前后主语、状语和时间宾语的影响，整个动作可以反复多次进行。这样在瞬间完成的达成动词就有了持续的时间性，动词的情状类型也发生了变化，由表达达成情状变为表结束情状。

再来看一组可以理解为两种情状类型的句子。以下句子中的时间短语的语义都是双指的：既可以作补语指向动词，表示动作持续的时间长度；也可以作定语，指向宾语，即"会""电影"和"相声"的长度正好分别是"两个小时""一个半小时"和"二十分钟"。时间短语作补语时，以上三个句子的情状类型都表活动情状。时间短语作定语时，三个句子的情状类型都表完结情状。

（1）他开了两个小时的会。

（2）他看了一个半小时的电影。

（3）他听了二十分钟的相声。

从上面的分析可以看出，句子的情状是一个系统，句子的谓语动词起主导作用，句子的主宾语等也起到一定的辅助作用。整个句子的情状类型是由句子的各个成分综合作用的结果。

这正如 Krifka（1989）所指出的："... the aspectual class of the sentences as a whole is determined by the semantic nature of the verb, by the characteristics of its NP arguments, and by the way the verb is related to its arguments."（……整个句子的体类型由动词的语义本质所决定，由动词所带的名词短语论元的特征所决定，还由动词与其论元结合的方式所决定。）如果从体貌的角度来看，这就是 Verkuyl（1972）提出的体貌的合成性（compositional nature），即体貌的意义是由动词和相关的名词性成分的意义相互作用，共同组合而成的。具体而言就是：表示单一事件的动词与量化的渐变受事论元组合时，所得的结果为量化的复杂谓词；表示单一事件的动词与累积的渐变受事组合时，所得的结果为累积的复杂谓词。

最后需要强调的是，虽然以上探讨了可以转化句子情状类型，但是这并不是说，这种转化是无条件的、不受限制的。一般来说，完成动词是自由的，而活动动词则受限。比如英语的"eat""built"等完成动词，其内部情状隐含着一个终点，当与数量确定具有［＋count］特征的宾语结合时，整个句子的情状是完结情状。但是活动动词"push"，无论后接数量宾语是否具有［＋count］特征，整个句子都是活动情状。

第三节　动结式的情状类型与后置核心

徐丹（2000）分别讨论了进入动结式的述语位置和补语位置的动词的情状类型。汉语动补结构里上字与下字的分布表明，动补结构中上字（即"动"）是形容词的很少，原因有两个：一是由形容词本身的性质决定的。有些形容词虽然可以表达动作，但其动性远不如动词，动补结构里上字的基本语义特征是表达动作进入过程，而形容词大多都不具备这一特征；二是由于汉语里许多形容词可以兼作副词用。形容词可以作状语用这一特征也使得形容词很难作动补结构里的上字。在两个字的组合里，第一个字是形容词第二个字是动词时，形容词往往表达方式，作副词用，如"暗算、大吃、干洗"等。至于动补结构的下字（即"结"）是动词的很少，徐丹认为是由于绝大部分动词不具备"已变化""已完成"等"完结"义，故这些动词不能担任下字。

施春宏（2008：66—71）在徐丹（2000）的研究基础之上，对能进入动结式述语和补语的动词的情状类型限制，作了详细分析。能进入动结式的述语位置的动词，或者侧重表达动作的起点，或者能表示状态变化的起点；进入动结式的补语位置的词，或者本身含有动作过程的终点，或者能表示变化过程的结果。

活动动词通过自身的动作能够影响到某个客体并使其改变状态，含有事件结构的时间起点，一般能够进入动结式的述语位置，而不能进入补语位置。如"拿、提、听、挖、织、种"，等等。有的性质形容词能够作为述语，如"这框/个苹果烂光了"。此外，有的通常表示"状态、结果"的动词也可以表示从起始状态开始的过程，如"死光了""输净了"等。

　　感觉动词可以表示由于受到外力的影响而使主体状态发生变化，因此含有时间的终点，可以作为动结式的补语，一般不能做动结式的述语。如"吓怕了""看懂了""吃腻了""做惯了"，等等。结果动词能够表示受动作的影响而产生的状态或结果，也含有时间的终点，可以进入动结式的补语位置。能做动结式补语的动词主要就是这一类。如"败、错、掉、垮、死"，等等。性质形容词本身不含有过程的起点或终点，但可以在外力作用下使其主体的性质或状态发生变化，即进入动结式后表达了过程终点的意义。最后有一种意义虚化的词作补语。如"完、好、成、住、掉"，等等。

　　以上简要讨论了动结式的述语和补语的情状类型，下面我们就重点讨论由述语和补语两项构成的动结式的整体情状类型。

　　He（1992）认为动结式的核心是结果性成分，动结式表示状态的变化，而状态的变化是在瞬间完成的，因此，汉语的动结式是达成情状。Smith（1991）认为，汉语的动结式与名词的组合表示的是一个持续性的情状，是一个带有结果的过程，应是结束情状。

　　简单地认为动结式属于哪一种情状类型，我们认为这是不科学的。动结式的情状类型归类涉及很多因素。脱离语境的动结式是无法作出判断的，只有放到具体的句子中才能作出判断。因为句子的主宾语等，都会对情状类型起到一定的作用。比如"唱完歌"，虽然整个情状也有终止点，但是这个终止点并不是完成情状所必备的自然终止点，而是任意终止点，所以整个动作还是活动情状。"唱完一首歌"则不同，它有自然终止点，表达的是一个结束情状。

　　此外，动结式本身的构成就很复杂，不同的构成形式，其情状类型也是不同的，如"认出、发现、办成、分开、遗失、忘记、摔倒"都是由"V + V"构成，结果的出现都在瞬间出现，都是达成情状。而"磨好、切碎、敲扁、拉长、变好"都是由"V + A"构成，结果都是通过量的不断积累而达到的（体现在补语形容词都可以用一系列的程度词来修饰），表达的则是结束情状。

　　这种动结式的不同情状归类或不同的内部时间过程，陈平（1988）在讨论动结式表达复变类情状和单变类情状时就涉及。他认为复变类情状涉及的是一个有持续过程的变化，而单变类情状则涉及一个瞬间变化。表示复变类情状的动结式如"拉大、理顺、缩小、放松"等。表示单变类情状的动结式如"拉断、写错、放倒"等。深入考察这两类补语的语义性质，可以发现补语成分的时间性存在差异。表复变的动结式中的形容词，其语义中都蕴含着一种渐变性质，形容词所表现的性状特征在程度强弱之间允许有一定的变化幅度。这类动结式可以与时间副词"在"或"正在"搭配。而表单变的动结式则不行。因而表复变的"拉大"等是完结情状，而表单变的"拉断"等则是达成情状。

Goldberg（1995）对英语动结式语法结构特点的描写包括以下两点：1）动作所带表的行为与补语所代表的结果状态之间没有时间间隔；2）状态变化必须和动词所表示的动作结束同时发生。即下面的图1（参照Goldberg，1995）可以用来表示动结式，图2则不行。从图1可以看出，动词所表示的动作和随后发生的状态变化之间不能有任何时间延误，即动作的结束的同时，也意味着状态变化的发生。从图2可以看出，动词所表示的动作和随后发生的状态变化之间可以有时间延误。

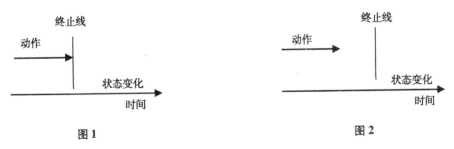

Smith（1991）认为汉语的完结貌 RVC（Resultive Verb Complement）可以分为"弹性完结貌（flexible completive，如'完''好''过'）"和"严式完结貌（strictly completive，如'着''成'）"两种。我们认为，"弹性完结貌"其实就是上面图2所说的，即动作和动作结果之间可以有时间间隔；"严式完结貌"其实就是上面图1所说的，即动作和动作结果之间没有时间间隔。

人们的认知视角对动结式情状类型的判断，也会产生重大的影响。对于同一个动结式所表达的概念结构，如"他把气球压破了"，有的人凸显动作的结果，即关注动作给事物带来的状态的变化，气球从没破到破了，这时动结式"压破"表示的是达成情状。有的人则凸显动作的过程，即气球从球形由于受到压力其形体不断变扁，到最后的破裂，这时动结式"压破"表示的是完结情状。可以看出，我们的分析与 Goldberg（1995）对英语动结式的分析是不同的。

　　动结式情状类型的判断困难也与人们对动结式所表示事件的意象扫描方式有关。如果采用"次第扫描（Sequential scanning）"的方式对意象进行观察，则动结式可能是完结情状；如果采用"总体扫描（Summary scanning）"的方式来观察，则动结式可能是达成情状。

　　下面把话题转到本小节的开头，即至于动结式的核心，也是有争议的。有的学者认为是动词，有的则认为是结果性成分。我们以补语"完"为例，来看一下动结式的核心。以下三个短语都是"V＋完"结构，宾语也相同，所不同的只是动词 V。我们认为它们的核心都应该是补语"完"，前面的动词"跑""走""爬"只是说明行完"3000 米"的方式，与一般的方式状语有些相似。

　　　　（1）a. 跑完了 3000 米
　　　　　　　b. 走完了 3000 米
　　　　　　　c. 爬完了 3000 米

　　以上的分析，在古代汉语"杀"和"死"的方式中有明显体现，我们粗略检索了一下北京大学中国语言学研究中心古代汉语语料库，检索出"V 杀"（溺杀、流杀、烧杀、饿杀、击杀、药杀、椎杀、压杀、鸠杀）的部分例句：

　　　　（2）伍子胥，煮之於镬，乃以鸱夷囊投之於江。子胥恚恨，驱水为涛，以溺杀人。今时会稽、丹徒大江、钱塘浙江，皆立子胥之庙。（东汉《论衡》）
　　　　（3）七月，虒上小女陈持弓闻大水至，走入横城门，阑入尚方掖门，至未央宫钩盾中。吏民惊上城。九月，诏曰：乃者郡国被水灾，流杀人民，多至千数。京师无故讹言大水至，吏民惊恐，奔走乘城。（《汉书》）
　　　　（4）于窦侯将遂焚营舍，烧杀吏士，上楼斩敬，悬首于市。输魏欲自立为王，国人杀之，而立建子安国焉。（《后汉书》）
　　　　（5）饥人所食，自缚叩头，代兄为食，饿人美其义，两舍不食。兄死，收养其孤，受不异於己之子，岁败谷尽，不能两活，饿杀其子，活兄之子。（东汉《论衡》）

（6）世谓秋气击杀谷草，谷草不任雕伤而死。此言失实。夫物以春生夏长，秋而熟老，适自枯死，阴气适盛，与之会遇。何以验之？（东汉《论衡》）

（7）厘公五年，郑相子驷朝厘公，厘公不礼。子驷怒，使厨人药杀厘公，赴诸侯曰"厘公暴病卒"。立厘公子嘉，嘉时年五岁，是为简公。（《史记》）

（8）晋鄙合符，疑之，举手视公子曰："今吾拥十万之众，屯於境上，国之重任，今单车来代之，何如哉？"欲无听。朱亥袖四十斤铁锥，椎杀晋鄙，公子遂将晋鄙军。（《史记》）

（9）大历十三年，郴州黄芩山崩震，压杀数百人。建中初，魏州魏县西四十里，忽然土长四五尺数亩，里人骇异之。（《旧唐书》）

（10）述因奏曰："房陵诸子，年并成立，今欲动兵征讨，若将从驾，则守掌为难；若留一处，又恐不可。进退无用，请早处分。"因鸠杀长宁，又遣以下七弟分配岭表，于路尽杀之。（《北史》）

同理，我们检索出同一部作品《史记》中"V死"（枯死、病死、忧死、老死）的部分例句：

（11）亳有祥桑谷共生於朝，一暮大拱。帝太戊惧，问伊陟。伊陟曰："臣闻妖不胜德，帝之政其有阙与？帝其修德。"太戊从之，而祥桑枯死而去。

（12）居久之，李少君病死。天子以为化去不死，而使黄锤史宽舒受其方。求蓬莱安期生莫能得，而海上燕齐怪迂之方士多更来言神事矣。

（13）景帝怒曰："是而所宜言邪！"遂案诛大行，而废太子为临江王。栗姬愈恚恨，不得见，以忧死。卒立王夫人为皇后，其男为太子，封皇后兄信为盖侯。

（14）故范蠡三徙，成名于天下，非苟去而已，所止必成名。卒老死于陶，故世传曰陶朱公。

薛凤生（1987）持跟我们相同的观点。他认为汉语中所谓"动补"中，"补语"实为真正的动词，而其前的所谓"动词"实为状语。当我们说"推开门"的时候，意思是说"以推而使门开"，语义重心是"使门开"，而不是"推"。"推"只是达成"开"的一个手段而已（别的手段还有：打、踢、撞、挤等）。戴浩一（2002）也认为，动词可以像副词一样成为另一个动词的修饰语。他认为"我走到了公园""他把门踢开了"中的"走""踢"分别是"到""开"的方式。当然在单一的句子中把"到""开"理解为方式，还有些困难，如果在两组例子的对比中，则体现得更加明显。如：

A	B
我走到了公园。	我打的到了公园。
我乘公交到了公园。	我开车到了公园。
他把门踢开了。	他把门拉开了。
他把门撞开。	他把门炸开了。

此外，在不同的句子中动补结构也有不同的理解，比如"打死"在不同的语境里可以有不同的意思。下面例（15）强调的是"打"的结果——"死"；例（16）强调的是"死"的方式——"打"。

(15) 他打死了一只狼。

(16) 那只狼是被打死的，而不是病死的。

跟我们上面的分析相似，冯胜利（2000）区分了两类"V杀"，非常富有启发意义。一类如"坑杀、射杀"等，V表示动作，"杀"表示结果。另一类如"矫杀、围杀"等，V表示方式，"杀"表示动作。这种"同形异构"现象有两条发展途径：前一类发展成动补结构；后一类发展成状中性质的合成词。

动结式中动词的表方式作用，也可以与动补结构产生之前的使成式的比较中看出来。王力（1980）就指出，跟动补结构相比，原来的使成式的表达有一个缺陷，只能表示给某种事物带来某种结果，而不能表示是哪种行为带来的。比如"小之"只能表示"使它变小"，而无法在同一个语法形式里表示造成该变化的行为。当然我们认为动补短语的产生就弥补了使成式的缺陷，既有动作行为的方式，如上文的"跑、走、爬"，又有结果。这样就可以表达一个因果俱全的完整事件。

赵元任(1968)指出动结式语义核心在后,动词语义上修饰补语,当然,我们认为赵先生所认为的语义核心其实就是动结式的体核心,补语是决定动结式整体的情状类型体的因素——时间上的终结点。具体说就是动结式整体具有内在的时间上的终结点,而这个终结点则被包含在补语的语义结构之中。

第四节 句子的情状类型对补语虚化的影响

Byee,Perkins & Pagliuca 等(1994)认为,演化出语法范畴的不是一个个孤立的实词,而是实词所在的结构式。沈家煊(1998)也认为,一个实词之所以演化出功能不同的虚词是因为它处在不同的结构式中。例如动词"来"演化为趋向("借来几本小说")和表将来("我来说两句")是两种不同路径的虚化。前一种虚化的是"V 来"这个结构式,后一种虚化是"来 V"这个结构式。Croft(2003:253)也认为,只有在特定的结构环境(constructional functions)中,词汇才能演化出句法功能。用我们的话来说,就是句法环境对语法化起着重要的制约作用,比如汉语的动词语法化为介词、助动词和副词,是由于连动结构的前项动词虚化而造成的;与之相反,结果补语、体标记和结构助词则是由于连动结构的后项动词虚化而来的。

关于句法环境在语法化中的作用,石毓智(2003)认为,任何语法标记的产生都不是单纯的词义内部引申问题,它们必须在特定的句法环境中进行。对引发词汇语法化的句法环境的确立,是理解语法发展的一个关键。比如"了"在有受事名词相隔的句法环境中仍是一个普通动词,还可以直接受副词或者否定标记的修饰。可是在紧邻的句法环境里,它已经开始与其前动词融合。再比如"给"单用时是一个普通动词,可以带体标记、可重叠等,然而当它只是引入谓语中心动词的与事时,只能理解为已虚化的介词,此时它也失去了动词的一些典型句法特征。

汉语动态助词产生过程中的一个重要中间环节是唯补词/动相补语。从这里既可能演化出持续体助词,也可能演化出完成体助词。这时语境就成了决定演变方向的重要因素之一:完成体助词只能产生于终结性情状,而不能产生于延续情状；而延续性情状只能产生延续情状，而不大可能产生于终结情状。

汉语的"着"一方面有完结的意义，另一方面又有状态持续的意义，这很可能就是由于在不同的句法环境下分别虚化出表示状态持续和完结的意义。陈前瑞（2003）概括为：施事主语句中的"着"倾向于表完结，受事主语句中的"着"倾向于表结果状态。如"猫逮着了耗子"和"桌子上摆着碟碗"。前者是施事主语句，猫是动作的发出者，"着"侧重于完结意义；后者是非施事主语句，"桌子"表示处所，"着"侧重于表示状态。

第五节　完成在情状体中的重要性

动词所表达动作过程的完结或未完结、完了与未完了、完成或非完成等范畴，是时体范畴所关注的主要内容（张黎，2010）。从认知心理来说，对事件的结果所表现出来的敏感反应是人类具有的基本知觉功能。就一般表述而言，尤其是动作的发展变化，交际双方更为关心的是变化的结果。古川裕（2002）也认为，人们面对一个事件（event）的"起承转结"，往往要重视其结点而不是起点。凸显终点的认知习惯与人总是期望达到一个结果有关，终点更容易形成结果。

戴浩一（2002）则作了一个假设：从概念系统而言，汉语的中心主题是"what has happened"（发生了什么事），其次是"who did what to whom"（谁对谁做了什么）。下面例（1）中的"踢"和"开"都是及物动词，但是"开"可以看作信息中心，就像例（2）的"错"可以看成信息中心一样。这种看法再次说明汉语语法概念系统中的一个统筹原则是"what has happened"，因为汉语比较重视事件发生的结果。

（1）他把门踢开了。
（2）她嫁错了人。

其实，对于结果或终结点的重视也很好理解，因为人们对一个处在动作变化中的事物，最为关注的是这一事物在外力的作用下会"怎么样"，即事物的动作变化结果。如果只知道动作的起始或持续，人们在"完形（gestalt）心理"的作用下，总会有"意犹未尽"之感，总存在某种心理预期，即预期动作的结果。汉语的动结式正好解决了这一问题，既反映了动作变化，也体现了事物在动作作用下会产生怎样的结果。一方面满足了句子语义完形的要求，另一方面不会再让听者有"意犹未尽"之感，而拥有了一种完足之感。

完成或结果的重要性，在儿童语言习得的过程中也获得了印证。Slobin（1994）在儿童语言习得的过程中发现，"在研究的所有相关语言中，只要动词在声音上有显性标记的过去时和完成时，儿童用它们首先来做的是评论导致某个物体的状态产生了明显变化的刚完成的事件"。因此他得出结论：在儿童语言习得中，行为的结果是儿童语言的时态和体发展的起点。可见行为结果比行为本身更具有认知显性度，因而更备受关注。

最后还有个问题需要探讨，即完成是否有过程性。陈平（1988）认为，完成与非完成取决于情状有无自然终结点以及有无向该终结点逐步接近的过程。Comrie（1976）也认为，具有完成语义特征的情状必须包含一个导向限定终点的过程，然后就不再持续。与这两种观点相反，也有学者认为完成不需要过程。戴耀晶（1997：23）综合陈平（1988）和 Comrie（1976）的说法，得到确定完成与非完成语义特征的 3 个原则：

    1）是否非完成形式能蕴含完成形式的意义；
    2）是否有一个内在的限定终结点；
    3）是否有一个导向终结点的过程。

戴指出，在现代汉语中，完成与非完成语义特征的本质是是否含有一个内在的终结点，而不必强调终结点的过程。因为在汉语中存在数量众多、语义关系极其复杂的动补结构，其反映动作过程与否较难确定。我们非常赞同戴的观点，以动结式为例，不同的构成形式，其情状类型也是不同的，如"认出、发现、遗失、忘记、摔倒"都是由"V＋V"构成，表达的都是达成情状。而"磨好、切碎、敲扁、拉长、变好"都是由"V＋A"构成，表达的则是结束情状。陈前瑞（2003）也认为，完成只需要情状有一个内在的终止点，而不必有一个向该终点逐步接近的过程。

总之，完成不一定要有向终点逐步接近的过程，只要有终结点的情状都有完成问题。汉语的完整体标记——词尾"了"标记情状的结束点，对带有自然终结点（完结、达成）的情状而言，它标记情状的完成；就状态和活动情状而言（没有终点），它标记界变（张黎，2003、2012），表示状态或活动在某种程度上的实现。

第十一章

"完成"在阶段体中的地位

第一节　阶段体的含义及分类

Comrie（1976：48）指出，"阶段"（phase）这一术语用来指情状在其持续过程中的任何一点的状况。比如动词"知道"表示状态（state），而动词"跑"则表示一个动态情状（dynamic situation），就知识而言，在"约翰知道我住在哪儿"中，情状所有阶段都是相同的，无论我们选择哪一个时间点，约翰的知识在每一个阶段上都是相同的。而"跑步"则不同。如"约翰正在跑步"，在不同的阶段情状是不同的：在某一时刻一只脚着地，在另一时刻两只脚都不着地……

吕叔湘（1942）把"动相"分为三大类共13种。

1. 使用限制词表示，又分为3种：

1）表动作之将有，如："要下雨了，咱们得赶快点儿。"

2）表动作正在进行，如："我正在写信呢，电话就来了，说已经到火车站了。"

3）表动作已经完成，如："要你说？我早已知道了。"

2. 使用白话里新发展出来的一些专以表示"动相"为作用的词，又分为6种：

4）方事相，用动相词"着"表示：坐定了便目不转睛地看着太太。

5）既事相，用动相词"了"表示：凤姐偏拣了一碗鸽子蛋，放在刘姥姥桌子上。

6）起事相，用动相词"起来"表示：一面料理针线，一面高谈阔论起来。

7）继事相，用动相词"下去"表示：便静静儿的听他唱下去。

8）先事词，用动相词"去"或"来"表示：不如照旧由着庄头鬼混去。

9）后事相，用动词相"来着"表示：我往大奶奶那里去来着。

3. 使用"动量"来表示动相的，又分为以下 4 种：

10）一事相：骡夫把骡子带了一把。

11）短补相：你也等我歇歇儿再说呀。

12）屡发相：他有什么事？还不是吃吃逛逛？

13）反复相：我想来想去想不出，我就去问他。

王力在《中国语法理论》（1985）认为，除了普通貌之外，汉语中还有以下 6 大情貌：

1. 进行貌：凡表示事情正在进行中者，叫作进行貌。此类用词尾"着"来表示。

今日太太提起这话来，我还惦记着这件事。

2. 完成貌：凡表示事情的完成者，叫作完成貌。此类用后附号"了"字表示。

他自卸了妆，悄悄地进来。

3. 近过去貌：凡表示事情过去不久者，叫作近过去貌。此类用词尾"来着"表示。

当日你父亲怎么教训你来着？

4. 开始貌：凡表示事情正在开始者，叫作开始貌。此类用"起来"表示。

宝玉见他哭了，也不觉心酸起来。

5. 继续貌：凡表示事情继续下去者，叫作继续貌。此类用"下去"表示。

你只管念下去，也不管人家听不听。

6. 短时貌：凡表示时间极短者，叫作短时貌。此类用动词重叠来表示。

你要记得，何不念念，我们听听？

他在如下的图式中展示了以上的 6 种体貌：

假定开始前某时期线	（a）—	（A）→（B）	＝ 表示进行貌。
开始线	（A）—	（B）	＝ 表示完成貌。
假开始未久线	（c）—	（B）→（b）	＝ 表示近过去貌。
假定中途线	（d）—	（a）→（B）	＝ 表示开始貌。
完成线	（B）—	（d）→（B）	＝ 表示继续貌。
假定完成未久线	（b）—	（A）→（c）	＝ 表示短时貌。

图中的进行貌、近过去貌、开始貌、继续貌和短时貌都是一条线，只有完成貌是一个点。这并不是说某一动作是线或点，只是说话人的注意力集中在某一线上，或某一点上。

高名凯（1986）谈了汉语中的 6 种体：

1）进行体（progressive）、绵延体（durative），在口语中用"着、在、正在、正在……"表示；

2）完成体（accomplished）、完全体（perfect）标记包括动补结构中的补语，如"了、过、好、完"等；

3）结果体（resultative）的标记除了"着"，还包括"住、得、到、中"等；

4）起动体（momentary）的标记都是副词，如"刚刚、才、方、恰"等；

5）叠动体（iterative）用动词重叠的形式来表示，如"看看、走走"等；

6）加强体（intensive）即连用意义相似的两个动词，如"叫唤、观看"等。

陈平（1988）指出，时态表现的是观察有关情状的种种方式，指示情状所处的特定状态。对于相同的情状，可以有形形色色的观察角度。他制作了如下的一个示意图：

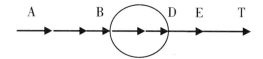

时轴上的字母代表情状的各个发展阶段，其中 B 和 D 分别为该情状的起始点和终结点。发话人从该情状的表现角度着眼，可以对其内部时相结构不加分析，而把它表现为一个整体性的情状，可称之为完全态（perfective），也可以把它表现为一个正处于持续状态或进行过程之中的情状，可称之为非完全态（imperfective）。

发话人也可以从情状的各个发展阶段着眼，表现情状本身所呈现的存在方式，这又可分为两种主要的类别。一是以 B 为界，B 以前的状态称为未然态，B 以后的称为已然态。二是以 D 为界，一方面是表现情状在到达 D 以前所处的各个阶段，常用的时态助词有"了""起来""下去""着"，等等；另一方面是表现情状到达 D 以后所呈现的各种状态，常用的助词有"过""来着""了"，等等。

龚千炎（1991）指出，事件的发生发展变化，人们的动作行为，无不具有时间性，即它们都处于时间变化的过程之中。若深入过程内部进行观察其各个阶段的情况，则可以得出动作行为的起始态、进行态、完成态等。时态的观察角度可以多种多样，既可以从事件发生前观察，也可以从事件过程中的各个阶段观察，还可以从事件完成后观察。例如下图 A、B、C、D、E 各点都可以作为观察的点：

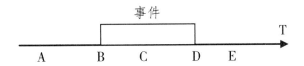

如果从 A 点观察，事件处于未然态；从 B 点观察，事件处于起始态；从 C 点观察，事件处于进行态或持续态；从 D 点观察，事件处于终结态即完成态；从 E 点观察，事件处于经历态。

陈平（1988）则把现代汉语的时态系统图式为如下的一条"时态链"：将行态 → 即行态 → 起始态 → 持续态 → 继续态 → 完成态 → 近经历态 → 经历态。

戴耀晶（1997）在王力（1944）的基础上，制作了如下的图式：

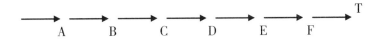

图中 A 表示动作前，BE 表示一个动作，B 是动作起点，C 表示动作开始不久，D 表示动作中途，E 是动作终点，F 表示动作终结不久。图上的点表示 6 个特别形式：

　　1）着　　BE——进行貌

　　2）了　　　E——完成貌

　　3）来着　EF——近过去貌

　　4）起来　AB——开始貌

　　5）下去　DE——继续貌

　　6）重叠　BC——短时貌

下面我们在前人的基础上，制作一个示意图，并把阶段体的标记词与意向图式相结合。

A 点观察，事件处在将行态；B 点观察，事件处在即行态；C 点观

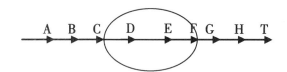

察，事件处在起始态；D 点观察，事件处在持续态；E 点观察，事件处在继续态，F 点观察，事件处在完成态；G 点观察，事件处在近经历态；H 点观察，事件处在经历态。

第二节　完成体与结果体的区别

高名凯（1986）把"了、过、好"等补语作为完成体，把"着、住、得、到、中"等补语成分称为结果体。至于"完成体"与"结果体"之间的区别，他指出："完成了的动作或历程只表示历程之终了，然而不见得有结果。反之结果体则表示动作或历程之有所获得。"

赵元任（1968：208）认为，有少数几个补语是表示动词中动作的"相"而不是表示动作的结果。其中有的是轻声并且有时候元音变质，这样变成了表"态"的后缀。赵先生还特别指出，"完、好（吴语）、得、了（liǎo）"表示一般完成的意思。这些补语总是不读轻声，总是带"了"尾，所以他们还是普通的补语，不是动相补语。可见，轻声是赵先生区分动相补语和普通补语的标准之一。

吴福祥（1998）对动相补语的理解是"动相补语或念轻声，或不念轻声"。吴还区别了动相补语与结果补语、完成体助词。动相补语与结果补语的区别是：动相补语虽然有时兼有"结果"的附加语义，但基本功能是表示动作/状态的实现或完成。动相补语不具有表述功能，而结果补语则可以，如"他喝醉酒了"可分为"他喝酒"和"他醉了"两个表述。动相补语语义只能指向动词，而结果补语表具体的结果，语义除了指向动词外，还可以指向主语或宾语。吴认为唐五代时期瞬间动词、状态动词、形容词以及动补结构后面的"了"表完成或实现，均属动相补语。吴把结果补语、动相补语、完成体助词三者之间的关系，在如下的虚化链中列出：

结果补语 → 动相补语 → 完成体助词

动相补语属于虚化链的中段,显然是一种处在虚化中的语法成分。有的动相补语还常有明显的"结果义",虚化程度较低,性质近于结果补语,如"着"(打着了)。有的动相补语已完全失去"结果"义,如只表完结的"过"("过1":吃过了饭就去)。

刘子瑜(2004)把汉语的动结式述补结构分为"结成、结态和结度"三类。"结态述补结构"是动结式中较为虚化的一类,补语由介于虚实之间的成分充当,表示抽象结果的意义,说明述语所造成的完成性状态情貌。补语语义指向动作本身。根据补语动词的语义特点,大致有可分为以下两类:

1)因动作的实施而带来动作本身的完成,补语动词有半虚化的"完成"义动词"成、就、却、取、得、了、完"等。

2)因动作实施而使动作本身产生某种结果或达到某种目的,补语为带有"涉及""接触到"及"固定""终止"义的动词,如"着、到、至、及、见、住"。这些动词部分或全部丧失了原有的动词义,而表示一种较为虚化的结果义——动作达到目的,有了结果;形式上黏附于述语,独立性差,不能与表人、物的主宾语构成表述,如"理会到、猜着、说到"。

我们认为刘子瑜的结态述补结构1)类说的就是我们上文分析的完成体,而2)类说的就是结果体。虽然完成体与结果体在共时层面存在着差异,但是若从历时语法化的角度来看,两者之间则存在着联系。Bybee,Perkin & Pagliuca(1994:18)通过对世界大量的语言调查研究表明,完成体产生于结果性结构是世界上许多语言的共同特征。Bybee & Dahl(1989:67)研究了世界各种语言中的时态和体态产生过程并概括指出,完成体产生于结果性结构。

第三节 结果补语的易虚化性

语法化需要句法环境。有些句法位置上的成分容易发生语法化,有些句法位置上的成分很难发生语法化。汉语的句子有主语、谓语、宾语和定语、状语、补语6个成分,但是在这6个成分的句法位置上,发生虚化的可能性是不同的。主语、谓语、宾语的位置一般不会发生虚化,因为它们是句子表意的中心所在。定语的位置也很难发生虚化，因为定语是修饰限制名词的，而虚化了的词语一般不能起这种作用。状语和补语的位置最容易发生虚化。（解惠全，1987）

当然，即使是补语，其内部的小类虚化的容易度也是各不相同的，其中最易虚化的就是结果补语。这从体标记的虚化大多源于结果补语中可以看出。我们知道，绝大多数体标记的形态化过程为：

独立动词 → 连动式中的后一动词 → 补语 → 体标记

下面结合连动句来分析体标记的具体虚化历程。

① NP1 ＋V1 ＋（NP2）＋ V2 ＋（NP3）
↓
② NP1 ＋V 主 ＋（NP2）＋V 次 ＋（NP3）
↓
③ NP ＋ V ＋ R ＋（NP）
↓
④ NP ＋ V ＋ 助词 ＋（NP）

处于阶段①的连动句中的两个动词地位平等，动性强弱相当；到阶段②时，连动句的后项动词发生了虚化，其动性不断减弱，前项动词的动性不断加强，从而形成主要动词在前，次要动词在后的局面，句子的动态性体现在前面的主要动词上；到阶段③随着主要动词后的受事成分 NP2 的省略，次要动词也发生了虚化，动性也不断减弱，进而虚化成黏附于主要动词并说明主要动词动作结果的补语；到阶段④时，随着进一步的语法化，前项动词的动性越来越高，后项的结果补语动词进一步虚化，动性越来越弱，最终趋于零，这样时态助词就最终产生了。

从上面的连动结构向动补结构的虚化（即后置成分的虚化）可以看出，次要动词到补语的虚化过程是动词动性不断减弱的过程。如果我们把主要动词"V 主"、次要动词"V 次"和结果补语"R 补"的动性强弱放在一起进行比较，就可以得到如下的不等式：

V 主 ＞ V 次 ＞ R 补

从以上对动补结构来源的分析可以看出，动补结构 VR 中的 V 要求强动性。而形容词的功能主要是表示事物的性质或状态，虽然有一部分形容词可以作谓语，但前提条件是它们后面不带宾语。由此可见，形容词的动性是非常弱的，这就决定了它们不能作动结式中的"动"。补语 R 的作用是"说明动作的结果或状态"（朱德熙，1982），动性要求相对较弱，这与形容词的功能和弱动性相一致。或许这就是绝大部分的补语都是由形容词来充当的深层次动因。

徐丹（2000）认为动补结构中上字（即"动"）是形容词的很少，原因有两个。一是由形容词本身的性质决定的。有些形容词虽然可以表达动作，但其动性远不如动词，动补结构里上字的基本语义特征是表达动作进入过程，而形容词大多都不具备这一特征。二是由于汉语里许多形容词可以兼作副词用。形容词可以作状语用这一特征也使得形容词很难作动补结构里的上字。在两个字的组合里，第一个字是形容词第二个字是动词时，形容词往往表达方式，作副词用，如"暗算、大吃、干洗"等。至于动补结构的下字（即"结"）是动词的很少，徐丹认为是由于绝大部分动词不具备"已变化""已完成"等"完结"义，故这些动词不能担任下字。

刘街生（2006）也从动性强弱的角度，对动结式的构成作了很有启发性的分析。他认为动结式组成成分之间的一定的说明性是一种非并立性，正因为动结式中有一定的说明性存在，所以现代汉语中充当补语更多的是形容词。动结式组成成分之间的这种说明性关系，还说明为什么形容词难以充当动结式的述语，因为述语是动结式的结构中心，形容词之后难以有谓词性更弱的成分来体现非并立性。

从上面徐、刘对动补结构中动词和形容词的不同分工作的分析，我们可以看出，徐丹主要是从动补结构对"上字"（即"动"）和"下字"（即"补"）的语义限制入手，而刘街生主要是从动结式内部两个成分之间的语义关系来阐述的。这与我们上文从语法化角度的分析并没有重复，而是互相补充的。如果把这三种分析结合起来，则有利于我们更加深刻地理解动结式构成的动因。

第四节 动结式的句法语义双核心

汉语动结式最初是由原来的及物动词性的并列结构（或连动结构）

发展而来的，其后项原来多数是形容词的使动用法或及物动词。结构体的两项都是句法核心并且在语义上也是平等的。后来随着使动用法的衰弱，使动用法形容词的使动意义消失，成了不及物的形容词。而原来后项是及物动词的，也逐渐减弱了及物性，和在意义上相应的不及物动词合流。

另外，后项在及物性降低的同时意义也逐渐虚化，这就造成补语意义抽象程度总是高于动词，而表示体意义的补语抽象程度更高，并且有附着化倾向。作为核心动词的形态附属物的体标记，也正是从语义指向动词的补语虚化而来。随着并列动词结构后一个成分的虚化，句法上原来的并列多核心结构也就变成了主从单核心结构了。

动结式的句法单核心的形成过程中，语义核心（体核心）也单一化了。因为原来的两个单独事件整合成了一个事件，一个事件只有一个语义核心。这样原来的两个句法核心对应两个语义核心也就变成了语义单核心的结构。即后项转化为整体的语义核心，前项转化为整体的句法核心（徐丹，2001）。

袁毓林（2001）也认为，纯粹从结构上看，述结式的述语动词毫无疑问是核心成分。但是，从意义上看，补语动词往往表示结果、述语动词往往表示方式或手段。比如"洗干净"是通过洗涤这种手段使得某物达到干净这种结果，"想明白"是通过思考这种方式达到明白某种道理这种结果。就语言使用者的一般认识而言，方式或手段是次要的，结果才是主要的。于是人们认为表示方式或手段的语言形式是修饰成分，表示结果的语言形式的核心成分。以上所分析的两个方面就是所谓的述结式在结构和意义上的不平衡性，即述结式的结构意义跟意义中心是不完全对应的。"动"为句法核心，"结"为语义核心，从而形成句法语义双核心。

第五节　动结式与"时间顺序原则"

语言符号的特点之一就是线条性，即它只能在一维的时间轴上一个接着一个地出现，而不能在空间的面上铺开。由于这一特性导致了符号与符号之间的组合顺序即语序的重要。汉语中从认知的角度来探讨时间对语序产生影响的有以下两位学者。

戴浩一在《时间顺序和汉语的语序》（黄河译，1988）一文中，在对语言的临摹性深入研究的基础上提出了"时间顺序原则":两个句法单位的相对顺序决定于它们所表示的观念里的状态或事件的时间顺序。戴认为在汉语动词复合的类型中,动结式也必须遵循时间顺序原则。从下面两例可以看出,"念—完—了"和"做—成—了"也是按照时间顺序原则来排列的。

  (1) 他念完了这本书。
  (2) 他做成了这项工作。

  谢信一《汉语的时间和意象》(叶蜚声译,1991)在戴浩一的基础上,对时间顺序原则进行了发展。在对"摔破""吃饱"等动结式复合词的分析中,谢认为:虽然动结式所表示的场景涉及真实时间,但动作阶段和结果阶段并非表现为分明的序列,而是时间上有重叠。例如,"我摔一个花瓶使它破了",实际上摔和破是大致同时发生的,并无可以清晰感知的时序。"我吃东西使自己饱"实际上是边吃边饱起来。因而动结式实际上表明了汉语能在真实的时间中创造出想象的次序,即推断时间。

  汉语的动结式体现了时间顺序原则,这是毋庸置疑的。上文谢认为动结式的动作阶段和结果阶段并非表现为分明的序列,在时间上有重叠的观点我们并不完全赞同。我们认为动结式的动作阶段与结果阶段之间的时间长短,要作具体的分析:有的动结式动作阶段与结果阶段之间的时间距离很短,两者几乎同时发生,如上文谢举的"打破";有的动结式动作阶段与结果阶段之间的时间距离则较大,比如"跑完3000米"。这与动结式所在的句子的情状类型有关:如果动结式所在的句子是完结情状,则动作阶段与结果阶段时间距离较大,时间顺序原则体现得较为明显,如"他抽完了一支烟""他看完了一场电影""他唱完了一首歌"等;如果动结式所在的句子是达成情状,则动作阶段与结果阶段几乎瞬间同时发生,时间顺序原则体现得不太明显,如"他摔倒了""我看见了他""推翻了反动政权"等。

第十二章

"完成"在视点体中的地位

第一节 完整体与非完整体

Smith（1991）把视点体分为：完整体（perfective viewpoint）、非完整体（imperfective viewpoint）和中性体（neutral viewpoint），下面就先探讨跟完成有关的完整体和非完整体。

Comrie（1976：3）把体分为完整体和非完整体。所谓完整体就是从外部来观察情状，把整个情状视为一个不可分割的整体，不去关心构成情状的单个阶段，而是把情状的开始、中间的续段和终止点压缩（rolled）成一点。所谓非完整体是指从内部对情状进行观察，即对情状加以分解，对其过程的某一点如起点、终止点、中间的续段加以观察。

Comrie（1976：6）认为"完整体"和"非完整体"的区别方法是："完整体是从外部观察情状，不再区分情状的内部构成；而非完整体是从内部观察情状，因而非常关心情状的内部构成。"或者我们也可以说，完整体是把情状当作封闭的整体来观察，它观察的视野包括情状的起点和终点；非完整体只是观察和表述情状的一部分，不涉及情状的终点。

其实，完整体和非完整体的差别是源于人们对运动过程的不同扫描（scanning）方式。认知语言学中的扫描可以分为次第扫描（Sequential scanning）和总体扫描（Summary scanning）两种。次第扫描关注运动进展过程中不同阶段的细节差异，随着扫描的进展，不同阶段的差异也显示出来了。总体扫描忽略了不同阶段的细节差异，对事件形成整体概念，与时间无关。可见完整体采用的是总体扫描，非完整体采用的是次第扫描。当然上文讨论的阶段体也是采用次第扫描的方式来观察的。

蒋严、潘海华（1998）对汉语的完整体和非完整体中的进行体的比喻非常深刻贴切，"如果观察的是整个事件，就像用一个照相机给该事件照相一样，把整个事件都放在镜头里，就是我们通常所说的完成体或完成态（perfective）。这样做的结果就是该事件的结束点一定包括在镜头之内，所以就给人一种动作完成结果到达的印象。如果我们只观察事件的中间过程，即我们的镜头只取事件中间的一部分，起始点和结束点都不在镜头里，我们就好像身处于一辆奔驰的列车中，有一种身临其境的感觉，所以，就有事件正在进行的感觉，这就是我们常说的进行态（progressive）"。

戴耀晶（1997）把"完整体"分为：现实体，标记词有"了"；经历体，标记词有"过"；短暂体，表现形式为"动词重叠"。把"非完整体"分为：持续体，标记词有"着"；起始体，标记词有"起来"；继续体，标记词有"下去"。据此我们可以把戴先生的体貌系统归纳如下：

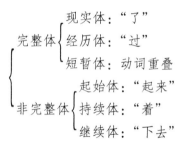

戴耀晶（1997）对完整体所蕴含的深层含义的分析，我们认为非常合理。他认为完整体带有"完全"（completive）的性质。不过"完全"强调了事件构成各部分的不可缺少，即起始、持续、完结俱全，而完整强调的是事件构成的不可分解，即起始、持续、完结浑然一体。此外，完整体又带有"完成"（accompletive）性质。不过"完成"这个术语强调了事件的终结点，而完整体则无此意味。

第二节　完成、完整与"有界""无界"

在切入正题之前，我们先来看看完整体与完成体的区别。完成强调了事件的终结点，而完整体则无此意味。完整体突出事件的起点、持续、终点的浑然一体、不可分割。完成的事件一般来说都是完整的事件，而完整的事件未必都是完成的事件。完整体是把事件作为一个不加分解的整体加以观察，而完成体则是在此基础上，把事件与说话时间或其他参照时间联系起来，表明该整体事件先于该参照时间，如"我到时，他已经吃完了饭"，其中的参照时间是"我到时"，事件"吃饭"已经完成。

从上面的讨论可以看出，完成是阶段体和情状体中的一个重要概念，下面我们就来讨论阶段体和情状体中的"完成""非完成"与"有界""无界"的关系。

在讨论之前，我们先来看一下动词"有界""无界"的含义。沈家煊（1995）指出，动作在时间上也有"有界"和"无界"之分。无界动作的内部是同质的（homogeneous），有界动作的内部是异质的（heterogenous）；无界动作具有伸缩性，有界动作没有伸缩性；有界动作具有可重复性，无界动作没有可重复性。

动作在时间上也有"有界"和"无界"之分。有界动作在时间上有一个起始点和一个终止点；无界动作则没有起始点和终止点，或只有起始点没有终止点。例如"我们跑到学校"这个动作，开始跑是动作的起点，到学校是动作的终止点，这个动作因此是一个"个体"动作或"有界"动作。相反"我很想家"这个动作，我们不能确定一个起始点和终止点，这个动作因此是一个"非个体"动作或"无界"动作。

上文的讨论也说到，阶段体大致包括了"起始体""持续体""延续体""完成体""结果体"和表现不太显著的"短时体"。按照沈家煊（1995）的标准，"起始体""持续体"和"延续体"由于没有终止点，因而表示的都是"无界"动作；"完成体""结果体""短时体"由于都有终止点，因而表示的都是"有界"动作。

（1）他一口气跑完了全程。

（2）我吃过饭去找你。

（3）她每天晚上做好作业才睡觉。

（4）小花猫逮着了一只老鼠。

（5）警察抓住了偷钱包的小偷。

（6）他迅速地爬到了山顶。

（7）猎人打中了一头野猪。

（8）他冲我挥挥手，就大步走进了检票口。

（9）小王连忙点点头，表示赞成我的提议。

　　上面的例（1）—（3）表示的都是"有界"的完成体；例（4）—（7）表示的都是"有界"的结果体；例（8）、例（9）用动词重叠来表示短时体，动词重叠一般表示"动量小、时量短"（朱德熙，1982），这时的动作是"有界"的。

　　情状体一般分为"状态""活动""完结"和"达成"四类，它们之间的具体区别我们在上文已谈到，这里不再赘述。从上文的分析很容易看出，只有"完结"情状和"达成"情状有终止点，"状态"情状和"活动"情状是没有终止点的。所以"完结"和"达成"表达的是"有界"情状，如例（10）、例（11），而"状态"和"活动"表达的则是"无界"情状，如例（12）、例（13）。

　　（10）我们打败了顽固抵抗的敌人。（完结）

　　（11）昨天邻居家的煤气罐突然爆炸了。（达成）

　　（12）墙上挂着一幅画。（状态）

　　（13）他在平时经常唱歌。（活动）

　　完整是视点体中的一个重要概念，下面我们来讨论"完整""非完整"与"有界""无界"之间的关系。上文分析到，完整体就是从外部来观察情状，把整个情状视为一个不可分割的整体，事件具有离散的、异质的、有界的特征。非完整体是指从内部对情状进行观察，即对情状加以分解，对其过程的某一点如起点、终止点、中间的续段加以观察，事件具有均匀、同质、无界的特征。可见"完整体""非完整体"与"有界""无界"是相平行的。所不同的是"完整体""非完整体"说的只是动作在时间方面，而"有界""无界"除了说明动作在时间上的界性差别之外，名词在数量上的可数、不可数，形容词在程度量上定量、非定量，都存在"有界""无界"的差别（参照沈家煊，1995）。而"有界""无界"的对立在动作方面，主要体现在终结界限和非终结界限之间的对立，这也就是"完整体"和"非完整体"的对立。

第三节　完成体与事件

Comrie（1976：51）认为，事件是把一个动态情状（dynamic situation）看成一个完整的整体，是"完整地"（perfectively）观察一个动态情状。沈家煊（1995）把有内在终止点的有界动作称为"事件"（event）。杨永龙（2001）把由动词、形容词、谓词性短语，甚至句子形式等语法单位所表示的动作、行为、过程、关系、状态等语义单位统称为事件。

一个句子可以只表述一个事件，也可以表述多个事件。前者可以称为单一事件句，后者可以称为复合事件句。事件是在时间进程中发生、持续和完结的，事件总是要对应着一定的时间。也就是说，事件存在于时间之中。事件存在于时间之中，时间同时也以一定的方式存在，或者以动态（dynamic）的方式存在，或者以静态（static）的方式存在。前者是动态事件，后者是静态事件（戴耀晶，1997）。

单一事件句只含有一个事件，句法上表现为单句，如例（1）。复合事件句由两个或两个以上事件组成，句法上可以表现为单句，如例（2），也可以表现为复句，如例（3）。

（1）他已经吃完饭了。
（2）他吃了饭之后就回家了。
（3）他吃了饭后，匆匆忙忙地穿上外衣，赶紧坐车回家了。

例（1）只包含了"吃饭"这一个事件；例（2）包括"吃饭"和"回家"两个事件；例（3）包括"吃饭""穿衣""坐车""回家"四个事件。

下面我们分析一下单一事件中"完1""了1""过1"对谓语动词的有界化作用，如：

（4）我们刚踢完足球。
（5）昨天我去了外滩。
（6）那本书我已经读过了。

需要说明的是，例（6）中的"过"由于前面有表完成义"已经"的限制，只能是表"完成"的结果补语"过1"。

此外，汉语中表示两个动作在时间上先后依次发生的连动句，一般也是由双事件构成，例如：

（7）我做完作业就回家。

（8）我打完球去洗澡。

（9）咱们吃完饭去跳舞。

（10）他洗完脸吃早饭去了。

以上的例子都包含两个在时间上一先一后、连续发生的事件 V1 和 V2，如果凸显 V2 在 V1 终结之后才发生，并且把 V1 的终点作为 V2 的参照，那么 V1 的终结点往往得到凸显，就可以用 V2 来标示 V1 的终点。上文第八章第一节中的完成体构式，说的都是双事件，即前一事件结束，后一事件接着发生。下面我们来看双事件句有关补语"好"的一个有意思的现象（李思旭，2009）。

薛红（1987）认为"好"类成分"所表示的语法意义依赖前项成分而成立。它不可以独立的词的身份与前项平行组合、互相对峙，而是黏附于前项"。张国宪（2004）认为，"摆放好"中充当补语的单音节形容词"好"的词汇意义已经相当语法化了，句法功能上更贴近动态助词和程度词。"好"的结合面很宽、很自由，可以与很多双音节动词组合，如"计算好""捆绑好""整理好""研制好""商量好"等。这里的"好"并不是"优点多的；使人满意的"（跟"坏"相对）的词汇意义，而是表达一种完成语态。我们认为以上张国宪的分析是有道理的，但还不够准确。我们认为，补语"好"的意义有无虚化，在句子中体现得会更加明显，如：

A	B	C
他喜欢开好车。	小心点，开好你的车。	开好车给加上点儿油。
他喜欢看好电影。	你应该干好自己的工作。	洗好衣服再吃饭。
她喜欢穿好衣服。	站好岗是我的职责。	写好作业再看电视。

以上 A 组中的"好"都是作定语，语义指向其后的名词"车""电

影""衣服",表示"使人满意的"的意思,记为"好1"。B组中的"好"是表示结果意义的补语,语义指向谓语动词,意思是"把事做圆满",记为"好2"。C组中的"好"是表示完成义的动词后缀,语义也指向谓语动词,意思是"表示完成或达到完善的地步",记为"好3","好3"可以用"完"来替换,替换后句子的意思基本上没发生变化,如:

C		D
开好车给加上点儿油。	→	开完车给加上点儿油。
洗好衣服再吃饭。	→	洗完衣服再吃饭。
写好作业再看电视。	→	写完作业再看电视。

通过上面的分析,我们认为,"V双+好"(上文"计算好""捆绑好""整理好""研制好""商量好")中的"好",既可以是"好2",也可以是"好3"。而张国宪认为的"词汇意义已经相当语法化了,句法功能上更贴近动态助词和程度词""是表达一种完成语态"的"好",其实就是我们这里的"好3"。由于他的分析忽略了"好2",所以是不全面的。

总之,以上A、B、C三组例子中的"好",由于其所处的句法环境不同,其虚化程度也是不同的。按照虚化程度的高低不同,三组例句中的"好"可以排成如下的不等式:

好3 > 好2 > 好1

在短语层面"V双+好"中的"好"的意思到底是"好1"还是"好2",是无法作出判断的,只有进入了句子,如上文的A、B两组句子,才能确定,所以张文的分析也没有很好地解释为什么"好"可以跟双音节动词组合成合格的短语。我们认为这可能与单音节形容词有无相应的双音节形容词有关,也就是郭绍虞(1938)、端木三(1999)所谓的词的长度有没有"弹性"。比如"好"没有相应的双音节形容词,即没有"弹性",而"净、严、准、齐"都有相应的双音节形容词"干净、严实、准确、齐全",即有"弹性"。所以单音节形容词与双音节动词搭配,听起来很别扭，如"清洗净""关闭严""测量准""预备齐"。

第四节 完成的编码方式

李如龙（1996：5）说："在体范畴的标记的认定历来存在着宽严两种观点。从宽的包括大量的副词、时间词和动词形容词补语，从严的只限于'形态'和词缀（词头词尾）。广义地理解，把副词、动词形容词补语和语气词也看作体标记也无不可，但是这种宽泛无边的分析势必造成类别繁多，概括力不足而使体范畴的面目模糊不清。"

出于研究的需要，我们采用宽泛体标记来考察完成体的表达形式，当然这些表达形式有的是属于严格的体标记的范畴，有的则不是。这样我们下文的分析并不会造成上文李如龙所担心的造成体标记类别繁多而面目不清。

杨永龙（2001）对完成体的表达手段的见解，很值得我们借鉴。根据汉语体貌表达的需要，为了更好地显示有关体标记的来源及虚化过程，他把表示动作或过程完毕、变化完成、状态实现三类语法意义都看作完成体意义的具体内容。反过来，凡是表达着三类体貌意义的助词、副词、语气词，以及已经有所虚化但仍是补语性质的完成动词、趋向动词等，都看成完成体的表达形式。有特定的体标记可以表示特定的体意义，没有特定的体标记不等于不具有某种体意义。杨先生认为完成体意义的表达除了常见的表体副词、助词、语气词、尚未虚化的动词之外，还有其他一些手段，如不用任何显性标记的"零形式"，在一定语境中也可表示完成体意义。

我们非常赞同杨先生对完成体的表达形式的分析，下文对完成体表达形式的分析，就是借鉴了杨先生的做法。当然，杨先生所谓的"零形式"体标记，其实就是我们文中所分析的情状体，它是没有外在的形态标记的，主要是由谓语动词的类型决定的。

其实，汉语体有多种表达手段，龚千炎（1991）已经提到，现代汉语的事态成分颇为丰富多样，是汉语长期历史发展演变的结果，充分反映了汉语的本质特点……与印欧语相比较，现代汉语的时态系统是颇具特色的。首先，经过漫长历史时期的演变，现代汉语已经拥有表现各种时态范畴的专用语法标记——时态助词"了、着、过",以及类似专用时态标记——准时态助词"起来、下去",它们都是由实义动词虚化而成的。其次,有些通常所谓的时间副词,经过慢慢的演变虚化,程度不等地具有了表达时态的功能,例如"曾经、已经、正在、将要"等;句子末了的语气词"了""来着"也常常用来表示时态。最后他把汉语的时态表达系统归纳为:{〔副词 +(〈动词〉+助词)〕+ 语气词}。

据此,我们可以把现代汉语的完成体表达手段归纳如下:

1. 时间副词:已、已经、都。

    (1)窗外的大雪已(经)停了。
    (2)小张都三十了还没结婚。

2. 时态助词:了1、过1、的。

    (3)小王买了三张电影票。
    (4)我洗过澡再吃饭。
    (5)他们由二环路进的城。

3. 句末语气词:来着、来。

    (6)他刚才还在这儿来着,怎么一转眼不见了?
    (7)你到哪里去来?

4. 结果补语:完、过1、好、着(zháo)、了(liǎo)、住等。

    (8)我看完《红楼梦》了。
    (9)我吃过饭了。
    (10)开好车给加上点儿油。
    (11)警察逮着一个小偷。

以上四类完成体的表达方式中,动态助词和结果补语是完成体的直接表达方式,其他两类则是完成体的间接表达方式。

　　以上汉语的这一特征具有跨语言的普遍性，因为类型学家们观察到的一个重要事实，那就是几乎所有的时体范畴在人类语言里都可以找到间接的表达方式，比如完成体标记，Buriat 语用词缀，Basque 语用助动词，Trukese 语用小品词（吴福祥，2005）。以上汉语中用"已然"义时间副词以及"结束""结果"义的结果补语，来表达完成体，也具有跨语言的普遍性，Dahl（2000：15）通过对欧洲语言的跨语言调查发现，"结果体（resultative）"、表示"已经（already）"义的成分、表示"结束（finish）"义的成分都可以语法化为"完成体（perfect）"。

　　此外，据 Dahl（1985）的跨语言调查显示，同样一种语义范畴，在不同语言里甚至在同一种语言里，其间接的迂说方式和直接的曲折方式具有同等的功能。比如拉丁语的完成体在主动语态里是曲折形式而在被动语态里则是迂说方式。以上所讨论的汉语完成体表达方式有的是直接表达，如动态助词、结果补语，有的则是间接表达，如时间副词、句末语气词。

第十三章

三层级体貌之间的关联

第一节　三层级体貌之间的区别

一个完整的动作，一般包括起始点、终结点和两点之间的持续过程。根据这三个要素的有无，我们可以把状态、活动、完结、达成四类情状的差别在如下图示中展示出来。

	起点	过程	终点
状态	−	−	−
活动	−	+	−
完结	+	+	+
达成	+	−	+

从上图中可以看出，完结情状与状态情状是对立的，前者起点、过程、终点三个要素俱全，而状态情状三个要素一个也不具备。活动情状与达成情状是对立的，前者有过程而没有起点和终点，后者没有过程而有起点和终点。

状态情状与活动情状的相同之处是都没有起点和终点，不同之处是活动情状有过程而状态情状则没有。完结情状与达成情状的相同之处是都有起点和终点，不同之处是完结情状有过程而达成情状则没有。

下图中 A 是动作起始点之前的某一点，D 是动作结束后的某一点，B 和 C 分别代表动作的起始点和终止点，BC 之间的线段代表动作的持续过程。

下面就在这个图示中来分析汉语三层级体貌之间的区别。由于情状体是在 ±动态、±持续、±完成这三组语义特征的基础上，对动词进行

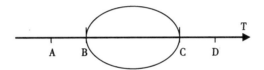

情状分类的，所以情状体非常关注动作的起始点 B、持续过程 BC 和终点 C。

　　阶段体由于是对动作的各个具体阶段的表现，所以它对图中的起始点 B、持续过程 BC 和终点 C 也很关注。与情状体不同的是，阶段体对动作的持续过程 BC 的内部进行了进一步的划分：动作持续的"着"，动作继续的"下去"。此外，阶段体不仅关注动作的本身，还把关注点扩大到动作开始前的点 A，和动作完成后的点 D。

　　视点体中的完整体由于是从外部对动作进行观察，动作过程本身可以忽略不计，所以它注重起始点 B 和终点 C，尤其是终点 C，忽略过程 BC。非完整体由于是从内部对动作进行观察，所以它注重起始点 B，包括动作持续过程 BC 之间的任意一点，但不能包括终点 C。

　　其次，三层级体貌系统中所蕴含的时间性也是有差异的。由于情状体所反映的是动词内在的时间结构，如是持续的活动情状还是瞬间完成的达成情状，情状有无起始点、续断和终止点等。这种内在时间性是情状所固有的，没有外在的语法形态标记。上文也说道，汉语的阶段体和视点体有外在的语法标记，如表示起始的"起来"、持续的"着"、延续的"下去"、完成的"了"、经历的"过"等。这些外在语法标记所标记的都是外在时间，当然这里的外在时间，并不是动作发生的时间，即过去、现在或将来。

　　下面我们就从时间的角度，来比较情状体与阶段体、视点体之间的区别。情状体是对事件抽象的时间结构的表现，抽象的时间结构是指事件的纯命题意义所具有的时间语义特征，如［±动态性］、［±持续］、［±完成］。或许也可以说，归入各种情状类型的句子都是抽象句，而不是参与交际时实际所闻所言的具体句。这些句子一般要带上指示句子所表事件发生的时间或某些有形态标记的语法形式之后才可以说。陈平（1988）撇开了"着、了、过"等时制特征或时态特征的语法标记之后，讨论的所谓的时相，实际上就是我们所说的情状，只不过名称不同而已。

第二节　三层级体貌中补语的虚化等级

　　情状体主要是通过词或短语的词汇意义来表达，如对句子情状类型起主导作用的动词或动词性短语，起辅助作用的主宾语等。这些动词或名词在句子中表现的都是它们的本义，或者说并没有发生虚化。因而情状体的虚化程度非常低。与情状体相比，阶段体的虚化成较高，这从阶段体的语法形式上可以看出。阶段体大都由半虚化准体标记来表示，如表起始体的"起来"、表继续体的"下去"、表示完成的"完、好、过"等。视点体是由句法平面的体标记来表示，如完整体用"了"来表示，非完整体用"着"来表示。可以看出，视点体的虚化程度较高。

　　综合上面的分析可以看出，从情状体到阶段体，再到视点体，虚化程度不断加强。可以用如下的不等式来表达它们的虚化程度差别：

　　　　情状体　　<　　阶段体　　<　　视点体

　　汉语情状体中的完结情状、达成情状和阶段体中的完结体、结果体都可以由动补结构来表达，但是表达这两个层级体貌的动补结构中补语的虚化程度是有差别的。表达完结情状和达成情状的补语虚化程度较低，表现在语音上还没有弱化，词汇意义还比较实在，即补语是实义的动词/形容词，如"走出、打破、掀翻、枯死"等。而阶段体中表示完结体的补语"完、好、过"，表示结果体的补语"着、到、住"，由于使用频率较高，它们的读音部分弱化了，词义已经虚化，与它们搭配的词语越来越多，即能产性很高。

　　视点体中的完整体和非完整体分别由"了"和"着"来体现，"了"和"着"是专门的体标记，它们的虚化程度非常高。当然这里的"了""着"并不是补语，但是它们都是从结果补语虚化而来的。所以可以看出，从情状体到阶段体再到视点体，适合于这三个层级的补语的虚化程度是不断加深的。此外，情状体进一步语法化为视点体具有跨语言的普遍性，Johanson（2000：30）指出，在欧洲语言中视点体（viewpoint）运作于情状体（actional contents）之上并决定情状体。

第三节 三层级体貌之间搭配的语义限制

汉语的情状体有状态、活动、完结、达成四种。阶段体比较典型的有起始体"起来"、持续体"下去"、完成体"完、好、过"等。视点体中完整体标记是"了",非完整体标记是"着"。下面考察的顺序是,首先看情状体与视点体、阶段体的搭配情况,然后考察视点体与阶段体的搭配情况。

情状体中的状态只能与表示状态持续的"着"搭配,不能与"了"搭配。因为反映动态变化的"了"与表示静止的状态,在语义上互相矛盾。此外,情状体中的状态也不能与表示动态变化的阶段体搭配。情状体中的活动搭配的范围较广,它既能与视点体搭配,也能与阶段体搭配,如"跑","跑着步/跑了一百米/跑起来/跑下去/跑完、跑过"。情状体中的完结只能与完整体"了"、完成体"完、好、过"搭配,与非完整体"着"、起始体"起来"、继续体"下去"语义相矛盾,所以无法搭配。情状体中的达成只能与完整体"了"搭配。

从整体上来说,如果忽略"活动"情状可以与"着"搭配,那么完整体"了"与非完整体"着"与情状体的搭配大致是互补的:完整体"了"倾向于与"完结""达成"情状搭配;非完整体"着"倾向于与"状态""活动"情状搭配。

此外,视点体的语法意义是什么,必须看它所黏附的动词的情状类型。比如完整体"了"既可以表示完结、终止,也可以表示起始意义。当它黏附在"完结"动词和"达成"动词后面时,表示完结、终止义,如"我刚洗了澡""液化气罐爆炸了""房子塌了"。当它黏附在"活动"动词后时,一般表示起始义,如"快坐好,火车开了"。非完整体"着"表示的持续义有动态和静态之分。当"着"黏附于"状态"动词时,表示静态的持续,如"他口袋里藏着一个玩具"。当"着"黏附于"活动"动词时,表示动态的持续,如"他拼命地喊着"。

视点体中的完整体"了"与阶段体都可以搭配,如"哭起来了""坚持下去了""打完了/打好了/打过了"。非完整体"着"与阶段体都无法搭配。

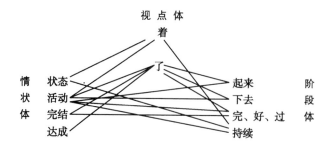

第四节 体貌系统中的终止点类型

汉语体的终止点首先可以分为"任意终止点"和"非任意终止点"两大类。而"非任意终止点"又包括"自然终止点"和"实际终止点"两类。即：

$$终止点\begin{cases}任意终止点 \\ 非任意终止点\begin{cases}自然终止点 \\ 实际终止点\end{cases}\end{cases}$$

下面来看一下这几类终止点之间的差别。所谓的任意终止点也就是，在时间轴上动作可以在位于起始点之后、结束点之前的任意一个时间点上终止，如图示：

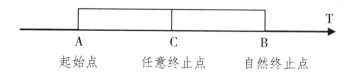

A   C   B   T
起始点   任意终止点   自然终止点

有些情状本身的语义构成中就包含了自然终止点，情状一开始，便一步一步地朝着这个自然终点演进。如"看一场电影、读一部小说、唱一首歌"等情状都伴有一个内在的自然终止点，不大可能无休无止地持续下去。例如"看一场电影"一般需要一个半小时左右。于是，时间轴上自零点后一个半小时，便是"看一场电影"的自然终止点。实际终止点一般是由任意终止点和自然终止点带上时体标记的"了"后转化而来的，它所表达的句子大都是现实生活的"具体句"，这与任意终止点和自然终止点所代表的脱离语境的"抽象句"正好相反。

下面结合例句来看三类终止点之间的转换。

A	B	C
读书	读一本书	读了书/读了一本书
吃饭	吃一碗饭	吃了饭/吃了一碗饭
听音乐	听一首音乐	听了音乐/听了一首音乐

上面 A 组例句有任意终止点，B 组例句有自然终止点，C 组例句有实际终止点。三组例句的终止点不一样，这是由动词后所带的名词性成分的语义指称不同造成的。A 组的"书、饭、音乐"都是普通光杆名词，按照陈平（1987）都是无指的。其中的书不是具体的某一本书，其数量是无限的，是永远读不完的，所以它没有自然终止点，只能有任意终止点。如读书既可以读十分钟结束，也可以读半个小时或一个小时结束，即终止点是任意的。

B 组例句是在 A 组例句的动宾之间加上数量短语，这时的名词性成分就变为有指的。句子具有了自然终止点，如"读一本书"总会有结束的时刻，不可能无休止地读下去。

A 组和 B 组句子的动词后加上"了"就变为 C 组的句子。由于体标记"了"是与现实世界的时间紧密联系的，所以 C 组的例句都是在现实生活的时间中发生的，因而具有实际终止点。沈家煊（1995）也认为"了"可以使动作的自然终止点变为实际终止点（"吃一碗饭"变为"吃了一碗饭"）。

前文也说到，体貌中人们最为关注的是动作的终止点，我们认为不同层级的终止点类型是不同的。由于视点体中的完整体是从外部对现实世界的动作进行观察，所以它具有实际终止点，如"我读完了《红楼梦》"。情状体中的完结情状和达成情状所具有的终止点是动作内部固有的，因而是自然终止点。如"拉大距离""写错一个字"。比较复杂的是阶段体中的完结体和结果体，它们都有终止点，但是其终止点的类型随着所带宾语的语义指称不同而发生变化。如果宾语是无指的，如"读完书""抓住小偷"，句子则有任意终止点。如果宾语是有指的（包括定指和不定指），如"读完一本书""抓住那个小偷"，句子则有自然终止点。

第五节　体貌与主观性、主观化

　　语言中的"主观性"（subjectivity）表达和"客观性"表达这两个术语是由 Lyons（1997）引入的。主观性是指语言的这样一种特性，即在语言中多多少少总是含有说话人"自我"的表现成分。也就是说，说话人在说一段话的同时表明自己对这段话的立场、态度和感情，从而在话语中留下自我的印记。如果这种主观性在语言中用明确的结构形式加以编码，或者一个语言形式经过演变而获得主观性的表达功能，则谓之主观化（subjectivisation）（沈家煊，2001）。

　　主观化的研究有两条研究路径。一是以 Langacker 为代表的共时角度的主观化研究，他主要关心的不是语言中的主观性成分形成的历史过程，而是从认知出发来观察日常语言的使用，看说话人如何出于表达的需要，从一定的角度出发来"识解（construe）"一个客观的情境。二是 Traugott 为代表的历时角度的主观化研究，她认为主观化是一种语义—语用的演变，即"意义变得越来越依赖于说话人对命题内容的主观信念和态度"。

　　主观性是体貌系统的重要属性，这从体的定义中也可以看出，Comrie（1976）指出，体是对情状内在时间构成所持的不同观察方式。所谓观察方式或不同的视点就是语言表达主观性的表现。就本书所讨论的三层级体貌中，阶段体和视点体的主观性相对来说表现得较为明显。

　　情状体主要是由动词内在语义特征决定，这就决定了情状体较为客观。阶段体取决于说话者观察角度。阶段的观察角度可以各种各样（见前文陈平，1987；龚千炎，1991）。既可以在事件行为发生之前观察，也可以在事件行为的发生过程中去观察，还可以从事件发生后的角度去观察。因而阶段体也具有一定的主观性。

　　Comrie（1976：4）指出，在讨论体的过程中意识到完整体和非完整体间的区别并不一定是客观的，这是非常重要的。对于同一个情状，同一观察者一会儿把它看成是完整体，一会儿又把它看成是非完整体，并且没有任何的自相矛盾，这种情况是极有可能的。由此可见，完整体、非完整体也具有一定的主观性。视点体的主观性在完整体和非完整体的定义中也可以有所体现。完整体忽略动作的持续过程，但是这并不能代表动作没有过程。非完整体把关注点放在动作的内部过程，忽略动作的终点，但是这也不能代表动作没有终点。

结　语

体貌研究是最近几年国内外语言学研究的热点之一。自从 20 世纪 90 年代戴耀晶对汉语体貌进行系统研究以来，汉语学界、方言学界、民族语言学界发表的有关体貌（包括动态助词）方面的论文，据我们对中国知网的粗略搜索来看，有上千篇之多。就体貌研究的专著来看，陈前瑞（2008）是一部不得不提的佳作。这一研究极富创新性，与传统的体貌研究相比，作者迈出了极其重要的一步，结合国外语言体貌研究的最新成果，在语言类型学的视野下建立了一个汉语四层级体貌系统。其论文对国外体貌类型学研究的介绍，对开拓国内学者的语言类型学视野具有极其重大的意义。

跟上面两本专著相比，本书的研究也有自身特点。首先，我们把研究的重点放在完成体的研究上，尤其对汉语中已经虚化了的补语"完"上：先根据补语"完"的不同语义指向，对"完"进行内部划分，归纳提取出三个"完"的分布规律；然后把"有界""无界"理论与补语的语义指向相结合，分析了三个补语"完"有界化对象的差异；由于语义指向不同，则导致"完"的语法化方向（词化还是虚化）的差异。

其次，汉语的句法结构和语义结构存在着不一致的情况，又叫"错配（mismatch）"。汉语史上表达事件完成的句法结构本来是"V + O + 完"，由于完成动词"了"的位置前移，在类推的作用下，补语"完"也前移，从而形成表达事件完成的"V + 完 + O"结构。汉语补语"完"的语法化历程至今还没人研究，本书则对此进行了初步的探讨。此外，我们对汉语史上的"完成"义动词或助词的历史沿革过程进行了讨论，还对完成体和完成体构式进行了跨方言类型学的考察。

再次，我们对汉语的体貌系统进行了分析，探讨了"完成"在阶段体、情状体、视点体三层级体貌中的独特地位和作用，从认知语义学的角度对相关问题进行了新的阐释。当然跟前面几章对补语"完"的较为深入研究相比，最后五章探讨完成体在三层级体貌中的地位和作用，这一研究就显得不够深入，虽然也探讨了一些很有价值的现象。但是希望我们的研究能够起到发现问题的作用，从而引起语言学界体貌研究者的关注，进而达到抛砖引玉的目的。

　　最后，本书主要研究现代汉语和古代汉语中的完成体问题，虽然也对完成体和完成体构式进行了跨方言的考察，但是都没有进行详细分析，而只是点到为止。之所以这样安排，是因为完成体的跨语言类型学研究，尤其是国外语言和汉语方言中与完成体有关的一系列句法现象的跨语言调查研究，比如汉语完成体标记的量化对象差异，即是量化动作还是量化动作对象，和量化程度的差别，即是全称量化还是部分量化，等等，则是最近几年我们集中精力的攻关课题，也是我们下一阶段重要研究的课题之一，即体貌的跨语言类型学研究。

参考文献

曹广顺：《〈祖堂集〉中的"底（地）""却（了）""著"》，《中国语文》1986 年第 3 期。

曹广顺：《魏晋南北朝到宋代的"动 + 将"结构》，《中国语文》1990 年第 2 期。

曹志耘：《金华汤溪方言的体》，见张庆双主编《动词的体》，香港中文大学中国文化研究所吴多泰中国语文研究中心 1996 年版。

陈立民：《汉语的时态和时态成分》，《语言研究》2002 年第 3 期。

陈满华：《安仁方言的结构助词和动态助词》，见胡明扬主编《汉语方言体貌论文集》，江苏教育出版社 1996 年版。

陈淑环：《惠州方言完成体"抛"》，《惠州学院学报》2010 年第 4 期。

陈前瑞：《〈词汇体与语法体的语义和语用模式〉评介》，《当代语言学》2001 年第 3 期。

陈前瑞：《汉语体貌系统研究》，博士学位论文，华中师范大学，2003 年。

陈前瑞：《汉语体貌研究的类型学视野》，商务印书馆 2008 年版。

陈艳兰：《湖南炎陵客家方言的完成体助词》，《凯里学院学报》2012 年第 5 期。

陈泽平：《试论完成貌助词"去"》，《中国语文》1992 年第 1 期。

陈平：《释汉语中与名词性成分相关的四组概念》，《中国语文》1987 年第 2 期。

陈平：《论现代汉语时间系统的三元结构》，《中国语文》1988 年第 6 期。

陈忠：《认知语言学研究》，山东教育出版社 2006 年版。

戴浩一：《时间顺序和汉语的语序》，黄河译，《国外语言学》1988 年第 1 期。

戴浩一：《概念结构与非自主性语法：汉语语法概念系统初探》，《当代语言学》2002 年第 1 期。

戴耀晶：《现代汉语时体系统研究》，浙江教育出版社 1997 年版。

戴昭明：《天台方言初探》，中国社会科学出版社 2003 年版。

邓开初：《宁乡方言中的完成体助词》，《长沙大学学报》2004 年第 1 期。

邓守信：《汉语动词的时间结构》，《语言教学与研究》1985 年第 4 期。

董秀芳：《述补带宾句式中的韵律制约》，《语言研究》1998 年第 1 期。

董秀芳：《词汇化：汉语双音词的衍生和发展》，四川民族出版社 2002 年版。

董秀芳：《汉语的词库与词法》，北京大学出版社 2004 年版。

董为光：《副词"都"的"逐一看待"特性》，《语言研究》2003 年第 1 期。

端木三：《重音理论和汉语的词长选择》，《中国语文》1999 年第 4 期。

范继淹：《无定 NP 主语句》，《中国语文》1985 年第 5 期。

范彦：《湖南华容话完成体标记研究》，上海师范大学硕士论文，2010 年。

方松熹：《舟山方言研究》，社会科学文献出版社 1993 年版。

房玉清：《从外国学生的病句看现代汉语的动态范畴》，《语言教学语与研究》1980 年第 3 期。

冯爱珍：《福清方言研究》，社会科学文献出版社 1993 年版。

冯胜利：《从韵律看汉语"词""语"分流之大界》，《中国语文》2000 年第 1 期。

甘于恩：《粤方言变调完成体问题的探讨》，《暨南大学学报》2012 年第 4 期。

甘于恩、许洁红：《一种新发现的完成体标记——广东粤方言的"通"》，《学术研究》2013 年第 3 期。

甘于恩、赵越：《粤方言的完成体标记"休"及相关形式》，《中国语文》2013 年第 6 期。

高名凯：《汉语语法论》，商务印书馆 1986 年版。

龚千炎：《谈现代汉语的时制表示和时态表达系统》，《中国语文》1991 年第 4 期。

龚千炎：《汉语的时相　时制　时态》，商务印书馆 1995 年版。

古川裕：《外界事物的"显著性"与句中名词的"有标性"——"出现、存在、消失"与"有界、无界"》，《当代语言学》2001 年第 4 期。

古川裕：《起点指向和终点指向的不对称及其认知解释》，《世界汉语教学》2002 年第 3 期。

关玲：《普通话"V 完"式初探》，《中国语文》2003 年第 3 期。

郭绍虞：《中国词语之弹性作用》，《燕京学报》1938 年第 24 辑。

郭锐：《汉语的过程结构》，《中国语文》1993 年第 6 期。

郭锐：《过程和非过程——汉语谓词性成分的两种外在时间类型》，《中国语文》1997 年第 3 期。

贺阳：《汉语完句成分初探》，《语言教学与研究》1984 年第 4 期。

胡德明：《安徽芜湖清水话中对象完成体标记"得"》，《方言》2008 年第 4 期。

胡明扬：《海盐方言的动态范畴》，见胡明扬主编《汉语方言体貌论文集》，江苏教育出版社 1996 年版。

胡明扬主编：《汉语方言体貌论文集》，江苏教育出版社 1996 年版。

胡明扬：《说"词语"》，《语言文字应用》1998 年第 3 期。

黄南松：《试论短语自主成句所应具备的若干语法范畴》，《中国语文》1994 年第 6 期。

洪波：《庐江话的虚词"仔"》，《语言学论辑》（2），北京语言学院出版社 1996 年版。

黄伯荣：《汉语方言语法类编》，青岛出版社 1996 年版。

蒋严、潘海华：《形式语义学引论》，中国社会科学出版社 1998 年版。

蒋绍愚：《近代汉语研究概要》，北京大学出版社 2005 年版。

江蓝生：《吴语助词"赖"、"得来"溯源》，《中国语言学报》（5），商务印书馆 1995 年版。

冀芳：《贵州少数民族语言完成体研究》，《贵州民族研究》2011 年第 1 期。

金理鑫：《汉藏语完成体后缀* -s》，《民族语文》2005 年第 2 期。

金立鑫：《试论"了"的时体特征》，《语言教学与研究》1998 年第 1 期。

金立鑫：《词尾"了"的时体意义及其句法条件》，《世界汉语教学》2002 年第 1 期。

金立鑫：《"S 了"的时体意义及其句法条件》，《语言教学与研究》2003 年第 1 期。

竟成：《关于动态助词"了"的语法意义问题》，《语文研究》1993 年第 1 期。

竟成主编：《汉语时体系统国际研讨会论文集》，百家出版社 2003 年版。

孔令达：《关于动态助词"过 1"和"过 2"》，《中国语文》1986 年第 4 期。

孔令达：《影响汉语句子自足的语言形式》，《中国语文》1994 年第 6 期。

李宝伦：《广东话量化词缀的语义解释》，载汪国胜主编《汉语方言语法研究》，华中师范大学出版社 2007 年版。

李崇兴：《〈祖堂集〉中的助词"去"》，《中国语文》1990 年第 1 期。

李蕾：《现代汉语方言完成体比较研究》，中央民族大学硕士论文，2011 年。

李木子：《芜湖清水方言语法的完成体》，《唐山师范学院学报》2006 年第 3 期。

李临定：《现代汉语动词》，中国社会科学出版社 1990 年版。

李如龙：《泉州方言的体》，见张庆双主编《动词的体》，香港中文大学中国文化研究所吴多泰中国语文研究中心 1996 年版。

李思旭：《重动句探新》，（日本）《现代中国语研究》2008 年总第 10 期。

李思旭：《现代汉语动结式的韵律构造模式初探》，《汉语学习》2009 年第 6 期。

李思旭：《补语"完"的内部分化、语义差异及融合度等级》，《语言研究》2010 年第 1 期。

李思旭：《三种特殊全称量化结构的类型学考察》，第 16 次现代汉语语法学术讨论会论文，香港城市大学，2010 年。

李思旭：《全称量化和部分量化的类型学研究》，《外国语》2010 年第 4 期。

李思旭：《"有界""无界"与补语"完"的有界化作用》，《汉语学习》2011 年第 5 期。

李思旭：《完全受影响和部分受影响编码方式的类型学研究》，《外国语》2012 年第 4 期。

李兴亚：《试说动态助词"了"的自由隐现》，《中国语文》1989 年第 5 期。

李小凡：《现代汉语体貌系统新探》，见《21 世纪的中国语言学》，商务印书馆 2004 年版。

李宗江：《"完成"类动词的语义差别及其演变方向》，《语言学论丛》（30），商务印书馆 2004 年版。

梁银峰：《汉语动补结构的产生与演变》，学林出版社 2006 年版。

林焘：《现代汉语补语轻音现象反映的语法和语义问题》，《北京大学学报》1957 年第 3 期。

林亦、覃凤余：《广西南宁白话研究》，广西师范大学出版社 2008 年版。

刘丹青："唯补词"初探，《汉语学习》1994 年第 3 期。

刘丹青：《苏州方言的体貌范畴系统与半虚化体标记》，见胡明扬主编《汉语方言体貌论文集》，江苏教育出版社 1996 年版。

刘蕙：《安徽巢湖方言完成体标记研究》，上海大学硕士论文，2011 年。

刘辉明：《赣语乐安（湖溪）话的完成体》，《华东理工大学学报》2008 年第 1 期。

刘芳：《潞城方言的完成体》，《黄河科技大学学报》2002 年第 1 期。

刘坚、江蓝生、白维国、曹广顺：《近代汉语虚词研究》，语文出版社 1992 年版。

刘街生：《动结式组构的成分及其关系探讨》，《语言研究》2006 年第 2 期。

　　刘勋宁：《现代汉语词尾"了"的语法意义》，《中国语文》1988 年第 5 期。

　　刘月华：《动态助词"过 2、过 1、了 2"用法比较》，《语文研究》1988 年第 1 期。

　　刘月华：《实用现代汉语语法》，商务印书馆 2001 年版。

　　卢英顺：《形态和汉语语法研究》，学林出版社 2005 年版。

　　陆丙甫：《核心推导语法》，上海教育出版社 1993 年版。

　　陆俭明：《述补结构的复杂性》，《语言教学与研究》1990 年第 1 期。

　　陆俭明：《词的具体意义对句子意思理解的影响》，《汉语学习》2000 年第 2 期。

　　吕叔湘：《中国文法要略》，商务印书馆 1942 年版。

　　吕叔湘：《形容词用法研究》，《中国语文》1966 年第 2 期。

　　吕叔湘：《汉语语法分析问题》，商务印书馆 1979 年版。

　　吕叔湘主编：《现代汉语八百词》，商务印书馆 1980 年版。

　　吕叔湘：《疑问·否定·肯定》，《中国语文》1985 年第 4 期。

　　吕叔湘：《汉语语法的灵活性》，《中国语文》1986 年第 1 期。

　　吕文华：《关于述补系统的思考——兼谈对外汉语的补语系统》，《世界汉语教学》2001 年第 3 期。

　　马庆株：《时量宾语和动词的类》，《中国语文》1981 年第 2 期。

　　马庆株：《自主动词和非自主动词》，见《汉语动词和动词性结构》，北京大学出版社 2005 年版。

　　梅祖麟：《现代汉语完成貌句式和词尾的来源》，《语言研究》1981 年第 1 期。

　　梅祖麟：《先秦两汉的一种完成貌句式——兼论现代汉语完成貌句式的来源》，《中国语文》1999 年第 4 期。

　　梅祖麟：《几个闽语语法成分的时间层次》，见于《梅祖麟语言学论文集》，商务印书馆 2000 年版。

　　孟琮等主编：《汉语动词用法词典》，商务印书馆 1999 年版。

　　欧洁琼：《郴州话完成体"地"及相关问题》，《湘南学院学报》2007 年第 3 期。

　　平田昌司、伍巍：《休宁方言的体》，见张庆双主编《动词的体》，香港中文大学中国文化研究所吴多泰中国语文研究中心 1996 年版。

钱乃荣：《当代吴语研究》，上海教育出版社 1992 年版。

任燕平：《吉安方言动词的完成体和已然体》，《井冈山师范学院学报》2005 年第 1 期。

阮桂君：《宁波方言语法研究》，博士学位论文，华中师范大学，2006 年。

孙宏开、胡增益、黄行：《中国的语言》，商务印书馆 2007 年版。

尚新：《英汉体范畴对比研究——语法体的内部对立与中立化》，上海人民出版社 2007 年版。

沈家煊：《"语法化"研究综观》，《外语教学与研究》1994 年第 4 期。

沈家煊：《"有界"和"无界"》，《中国语文》1995 年第 5 期。

沈家煊：《实词虚化的机制——〈演化而来的语法〉评介》，《当代语言学》1998 年第 3 期。

沈家煊：《语法化和形义间的扭曲关系》，《中国语言学的新拓展》，香港城市大学出版社 1999 年版。

沈家煊：《语言的"主观性"和"主观化"》，《语言教学与研究》2001 年第 4 期。

沈家煊：《语法研究的目标——预测还是解释》，《中国语文》2004 年第 6 期。

施春宏：《汉语动结式的句法语义研究》，北京语言大学出版社 2008 年版。

史有为：《数量词在动宾组合中的作用》，《中国语言学报》1997 年第 8 期。

石毓智：《肯定和否定的对称与不对称》，学生书局 1992 年版。

石毓智：《语法的认知语义基》，江西教育出版社 2000 年版。

石毓智：《语法的形式和理据》，江西教育出版社 2001 年版。

石毓智：《现代汉语语法系统的建立》，北京语言大学出版社 2003 年版。

宋文辉：《现代汉语动结式的认知研究》，北京大学出版社 2007 年版。

索绪尔：《普通语言学教程》，高名凯译，商务印书馆 1980 年版。

孙珊珊：《湖南洞口赣方言完成体的表示法》，湖南师范大学硕士论文，2012 年。

唐桂兰：《宿松方言中的完成体标记"着""脱""倒"》，《郑州大学学报》2013 年第 5 期。

唐娟华：《山东方言完成体研究》，北京语言大学硕士论文，2004 年。

唐正大：《关中（永康）方言中的完成体》，《咸阳师范学院学报》2013 年第 3 期。

王还：《再谈现代汉语词尾"了"的语法意义》，《中国语文》1989 年第 3 期。

王洪君：《从字和字组看词和短语》，《中国语文》1994 年第 2 期。

王力：《中国现代语法》，商务印书馆 1985 年版。

王力：《中国语法理论》，商务印书馆 1985 年版。

王力：《汉语史稿》，中华书局出版社 1980 年版。

王力：《汉语语法史》，商务印书馆 1984 年版。

王福堂：《绍兴记音》，载《语言学论丛》第 3 辑，上海教育出版社 1959 年版。

王丽：《莆仙方言动词完成体的表示法》，《三明学院学报》2006 年第 1 期。

文炼：《词语之间的搭配关系——语法杂记》，《中国语文》1982 年第 1 期。

吴福祥：《敦煌变文语法研究》，岳麓出版社 1996 年版。

吴福祥：《重谈"动＋了＋宾"格式的来源和完成体助词"了"的产生》，《中国语文》1998 年第 6 期。

吴福祥：《南方方言几个状态补语标记的来源》，《方言》2001 年第 4 期。

吴福祥：《汉语体标记"了、着"为什么不能强制性使用》，《当代语言学》2005 年第 3 期。

吴福祥：《语法化与汉语历史语法研究》，安徽教育出版社 2006 年版。

吴为善：《双音化、语法化和韵律词的再分析》，《汉语学习》2003 年第 4 期。

吴臻：《平舆方言完成体研究》，华中师范大学硕士论文，2013 年。

项梦冰：《连城客家话完成貌句式的历史层次》，《语言学论丛》第26辑，2002年。

谢信一：《汉语中的时间和意象》，叶蜚声译，《国外语言学》1991年第4期。

肖平：《鄱阳湖八县方言动词的完成体和已然体》，《浙江师范学学报》2004年第6期。

熊学亮：《认知语用学概论》，上海外语教育出版社1999年版。

徐丹：《动补结构的上字和下字》，《语法研究与探索》（十），商务印书馆2001年版。

徐烈炯、刘丹青：《话题的结构与功能》，上海教育出版社2007年版。

徐奇：《江西境内赣方言动词完成体考察》，南昌大学硕士毕业论文，2010年。

徐通锵：《语言论》，东北师范大学出版社1997年版。

徐时仪：《古白话词汇研究论稿》，上海教育出版社2000年版。

薛凤生：《试论"把"字句的语义特征》，《语言教学与研究》1987年第1期。

杨庆蕙：《现代汉语离合词用法词典》，北京师范大学出版社1995年版。

杨永龙：《〈朱子语类〉完成体研究》，河南大学出版社2001年版。

杨永龙：《不同的完成体构式与早期的"了"》，载《历史语言学研究》第2辑，商务印书馆2009年版。

杨秀英：《台湾闽南语语法稿》，大安出版社1991年版。

严修鸿：《客家话人称代词单数"领格"的语源》，《语文研究》1998年第1期。

游汝杰：《杭州方言动词体的表达法》，见张庆双主编《动词的体》，香港中文大学中国文化研究所吴多泰中国语文研究中心1996年版。

袁毓林：《述结式的结构和意义的不平衡性》，《现代中国语研究》2001年创刊号。

袁毓林：《"都"的加合性语义功能及其分配性效应》，《当代语言学》2005年第4期。

袁媛：《荆门方言的完成体助词"起"》，《荆楚理工学院学报》2012

年第 12 期。

岳利民:《多义的动结式短语试析》,《广西社会科学》2005 年第 12 期。

赵金铭:《敦煌变文中所见的"了"和"着"》,《中国语文》1979 年第 1 期。

赵元任:《现代吴语的研究》,科学出版社 1928 年版。

赵元任:《吴语对比的若干方面》,收入《赵元任语言学论文集》,中国社会科学出版社 1967 年版。

赵元任:《汉语口语语法》,商务印书馆 1979 年版。

赵日新:《绩溪方言的结构助词》,《语言研究》2001 年第 2 期。

张斌主编:《新编现代汉语》,复旦大学出版社 2002 年版。

张黎:《"界变"论——关于现代汉语"了"及其相关现象》,《汉语学习》2003 年第 1 期。

张黎:《汉语补语的分类及其认知类型学的解释》,《对外汉语研究》2008 年第 6 期。

张黎:《汉语"了"的语法意义及其认知类型学的解释》,《汉语学习》2010 年第 6 期。

张黎:《汉语时制的认知类型学视角》,《中国语文法研究》2012 年第 1 期(创刊号)。

张黎:《汉语意合语法研究——基于认知类型和语言逻辑的建构》,白帝社 2012 年版。

张其昀:《苏扬州方言"消极"性完成体标记"得"》,《中国语文》2005 年第 5 期。

张秀:《汉语动词的"体"与"时制"系统》,《语法论集》第一集,中华书局 1957 年版。

张双庆:《动词的体》,香港中文大学中国文化研究所吴多泰中国语文研究中心 1994 年版。

张世禄:《词汇讲话》,《语文知识》1956 年第 2 期。

张庆双主编:《动词的体》,香港中文大学中国文化研究所吴多泰中国语文研究中心 1996 年版。

张谊生:《范围副词"都"的选择限制》,《中国语文》2003 年第 5 期。

庄初升:《闽语平和方言的介词》,《韶关大学学报》1998 年第 4 期。

郑定欧：《说"貌"——以广州话为例》，《方言》2001 年第 1 期。

郑张尚芳：《温州话中相当"着"、"了"的动态接尾助词及其他》，见胡明扬主编《汉语方言体貌论文集》，江苏教育出版社 1996 年版。

郑懿德：《福州方言时体系统概略》，载 胡明扬 主编，《汉语方言体貌论文集》，江苏教育出版社 1996 年版。

钟兆华：《近代汉语完成态动词的历史沿革》，《语言研究》1995 年第 1 期。

周国炎：《布依语完成体及其体助词研究》，《中央民族大学学报》2009 年第 2 期。

周国光、张林林编著：《现代汉语语法理论及方法》，广东高等教育出版社 2003 年版。

朱德熙：《说"的"》，《中国语文》1961 年第 12 期。

朱德熙：《北京话、广州话、文水话和福州话里的"的"字》，《方言》1980 年第 3 期。

朱德熙：《语法讲义》，商务印书馆 1982 年版。

詹人凤：《动结式短语的表述内容》，《中国语文》1989 年第 2 期。

泽诺·万德勒：《哲学中的语言学》，陈嘉映译，华夏出版社 1967年版。

《现代汉语规范词典》，外语教学与研究出版社/语文出版社 2005 年版。

中国社会科学院语言研究所词典编辑室编：《现代汉语词典》（第 6 版），商务印书馆 2012 年版。

Anderson, Stephen R. A-Morphous Morphology. Cambridge：Cambridge University Press, 1992.

Bhat , D. N. S. The Prominence of Tense, Aspect and Moond. Amsterdam：John Benjamins, New York：Academic Press, 1999 .

Brinton, L. The Development of English Aspectual System. Cambridge University Press, 1988.

Bybee, J. & Dahl, Osten. The creation of tense and aspect systems in language of the world. Studies in Language13：51 – 103, 1989.

Bybee, J. Perkins, R. & Pagliuca, W. The evolution of grammar：Tense, aspect, and modality in the languages of the world. Chicago：The University of

Chicago Press, 1994 .

Carey, Kathleen. subjectification and the development of the English perfect. In Stein, D. & S. Wright (ed.). Subjectivity and subjectivisation. Cambridge: Camblidge University Press, 1995.

Comrie, Bernard . Aspect. Cambridge: Cambridge University Press, 1976.

Chao, Yuan – Ren (赵元任). 1968. A Grammar of Spoken Chinese. Berkeley: University of California.

Dalh, Osten. Tense and Aspect Systems. Oxford: Blackwell, 1985.

Dahl, Osten. Tense and Aspect in the Languages of Europe. Berlin: Mouton de Gruyter, 2000.

Givón, T. Syntax: A Functional-Typological Introduction (Vol. 1). Amsterdam: John Benjamins, 1984.

Givón, T. Functionalism and Grammar. Amsterdam: John Benjamins, 1995.

Givón, T. Syntax: An Introduction. Amsterdam: John Benjamins, 2001.

Goldberg, A. E. Construction: A Constructional Approaches to Arguments Structure Construction. The University of Chicago Press, 1995.

Greenberg, J. H (ed.). Universals of Language. Cambridge: The MIT Press, 1963.

Haiman, John (ed.). Iconicity in Syntax. Amsterdam: John Benjamins, 1985.

Heine, B. Auxiliaries: Cognitive Forces and Grammaticalization. Oxford: OUP, 1993.

Hopper, P. J. Aspect and Foregrounding in Discourse. In Givón (ed.): Syntax and Semantics, Volum 12: Discourse and Syntax, New York: Academic Press, 1979.

Hopper, P. J. and E. C. Traugott. Grammaticalization. Cambridge: Cambridge University Press, 1993.

He, Bao – zhang (何宝璋). 1992. Situation Types and Aspectual Classes of Verbs in Mandarin Chinese. Ph. D. Dissertation. Columbus: Ohio University.

Krifka, M. Thematic relations as links between nominal reference and temporal constitution. Ivan A. Sag and Anna Szabolcsi (ed.), In Lexical matters, 29—53. Stanford, California: CSLI Publications, 1992.

Lindstedt, J. The Perfect-aspectual, Temporal and Evidential. In Dahl, Osten (ed.) Tense and Aspect in the Languages of Europe. Berlin: Mouton de Gruyter, 2000.

Lyons, John. Semantics. Vols. II. Cambridge: Cambridge University Press, 1977.

Olsen, M. B. A Semantic and Pragmatic Model of Lexical and Grammatical Aspect. New York & London : Garland Publishing, 1997.

Sauerland, Uli & Kazuko Yatsushiro. Genitive Quantifiers in Japanese as Reverse Partitives. http: // www. zas. gwz-berlin. de/mitarb/homepage/sauerland/qplusno. pdf. (accessed, 2010 – 9 – 25)

Schwenter, Scotta A. Hot news and the grammaticalization. Linguistics 33: 995—1028, 1994.

Sil'Nickij, G. G. The structure of verbal meaning and the resultative. In Vladimir P. Nedjalkov (ed.) Typology of Resultative Constructions. Amsterdam/Philadelphia: John Benjamins Publishing Company, 1988.

Slobin, D. I. Talking perfectly: Discourse origins of the present perfect, In W. Pagliuca. (ed). Perspectives on grammnaticalization. Amsterdami Beniamins, 1994.

Smith, C. S. The Parameter of Aspect. Dorchrecht: Kluwer Academic Publishers, 1991.

Talmy, L. Towards a Congnitive Semantics. Vol. 1. Cambridge: The MIT Press, 2000.

Tenny, C. Grammaticalizating aspect and affectedness. Doctoral dissertation. Cambridge, MA : MIT Press, 1987.

Tenny, C. Aspectual roles and the syntax-semantics interface. Kluwer: Dordrecht, 1994.

Verkuyl, Henk J. On the Compositional Nature of Aspect. Dordrecht: Reidel, 1972 .

Xiao & McEnery. Aspect in Mandarin Chinese: A Corpus-based Study. Amsterdam/Philadelphia: John Benjamins, 2004.

Zeno, Vendler. Verbs and Times, In Linguistics in Philosophy. Ithaca: Cornell University Press, 1967.

后　记

　　我对汉语完成体的思考大概是从 2005 年读硕士开始的，到现在 2015 年，已将近 10 年。这本小书就是这 10 年我对汉语体貌思考的成果之一。书稿的框架和主要内容 2008 年已基本完成，最近这六七年又不断地修改和完善。尤其是最近这半年多时间，投入了大量的时间和精力，对书稿进行了反复的打磨。出版社几个书稿清样不算，就我自己打印的书稿纸质版本就达 6 个之多。因而无论是章节形式上，还是内容的论证分析上，跟 2008 年的版本相比，都已发生了翻天覆地的变化。

　　汉语体貌研究难度非常大。一是汉语体貌系统自身复杂，导致汉语的体貌系统到底可以分出多少个小类，每一小类体貌的标记词有哪些，至今都还尚无定论。二是汉语体貌研究的成果多，要在研究成果这么丰硕的一个领域里，不是人云亦云，而是有所创新，难度更是可想而知。基于这两点原因，我们主要研究汉语体貌系统中的完成体，以已经有所虚化的补语"完"为切入点，共时层面主要结合结构主义语言学和认知语言学，对补语"完"句法语义属性进行了一系列地探讨；历时层面结合语法化理论和词汇化理论，对补语"完"和汉语完成体构式的历史衍生过程作了详细探讨；最后把完成体放在汉语体貌系统中，探讨其在整个汉语体貌系统中的地位和作用。

　　这本小书能够出版，要特别感谢安徽大学文学院给予的经费资助：感谢安徽大学国家重点学科汉语言文字学学科带头人黄德宽教授，对青年教师学术成长的关心和支持；感谢安徽大学文学院院长吴怀东教授、副院长吴早生教授等新一届领导班子，给予我各方面的照顾和鼓励。此外，中国社会科学出版社任明先生细心而高效的辛勤劳作，使本书得以最终跟读者见面，在此一并致谢。

　　我本科读的是中文系汉语言文学专业，从大学二年级开始接触语言学，后来从学校图书馆借阅了不少理论语言学方面的书籍，但是真正涉足语法学，还是从 2005 年在上海师范大学对外汉语学院读硕士研究生开始的。从 2005 年到现在这 10 年时间，我在语言学（主要是语法学）领域投入了大量的时间和精力，一路走来，跌跌撞撞。虽然也取得了一点成绩，但是还要更加努力，因为以后的道路可能会更加曲折、更加难走。

李思旭

2015 年 3 月 1 日